华夏智库·新经济丛书

FUSIONAL POWER

融合力

融合力改变世界

李红星 著

经济管理出版社
ECONOMY & MANAGEMENT PUBLISHING HOUSE

图书在版编目（CIP）数据

融合力——融合力改变世界/李红星著.—北京：经济管理出版社，2018.5
ISBN 978-7-5096-5714-0

Ⅰ.①融… Ⅱ.①李… Ⅲ.①人生哲学—研究 Ⅳ.①B821

中国版本图书馆 CIP 数据核字（2018）第 059436 号

组稿编辑：张　艳
责任编辑：范美琴
责任印制：黄章平
责任校对：陈　颖

出版发行：经济管理出版社
　　　　　（北京市海淀区北蜂窝 8 号中雅大厦 A 座 11 层　100038）
网　　址：www. E-mp. com. cn
电　　话：(010) 51915602
印　　刷：北京晨旭印刷厂
经　　销：新华书店
开　　本：720mm×1000mm/16
印　　张：13.5
字　　数：177 千字
版　　次：2018 年 7 月第 1 版　2018 年 7 月第 1 次印刷
书　　号：ISBN 978-7-5096-5714-0
定　　价：39.80 元

序

　　人为什么要融合，什么是融合，怎样融合？在融合中需要注意些什么？这些都是本书要回答的问题。

　　人来到这个世界上的时候是孤独的，离开这个世界的时候也是孤独的。但在人生这两个极端的孤独中间，实际上是不是孤独是另外一回事，但无论怎么说，人都不应该是孤独的。孤独包括两个方面：一是生活的孤独，二是心灵的孤独。生活孤独就如同单飞的大雁，势单力薄。一个人的能量毕竟有限，而人生中有许多难题，如上学拼考、就业谋生、结婚生子、赡养老人……单靠一个人的力量，要解决那么多的问题是不可想象的事情。心灵的孤独也很消磨人，没有另外的心灵与你同频共振，欢乐时找不到人与你分享，郁闷的时候没有人替你分担。

　　人要与环境融合，与人融合、与物融合、与时代融合。在与万事万物的融合中，相扶相助，完成你为自己设计的人生主题。勿将心灵安放在寸草不生的沙漠荒地，而是要为心灵寻找一个安全舒适的群落。在相互慰藉中，经受生命的考验，体味人生的欢乐与幸福。

　　所谓的融合，绝不仅仅是如何与人相处、如何融于集体、如何融于社会，要这样理解就太肤浅了。融合，不仅仅是看得见的融合，更是心灵的融合。通过全息融合，找到人生的舒适区域。

一滴水容易干涸，一瓢水无法波澜壮阔。无数水滴融合在一起，才有江河湖海。水滴集合才能尽显千姿万象，才能汹涌澎湃。

一个人无论多么有能耐、多么努力，力量总是有限的。单枪匹马只能做一些小事，要想有大的成就，只有靠融合。这就是融合之于成功的意义和价值。

与人融合，可以取长补短，实现竞争力的优化组合，从而爆发出更大的能量；与社会融合，可以共享奋斗的平台；与物融合，可以物尽其用；与现实融合，不会虚妄，才能淡定如常。心与心相融合，可以获取精神力量。

融一切可以融的因素，为我所用；合一切难合的人事，助我成长。

融合是人生哲学，是方法论。

目　录

第一章　他人律：跟谁都合得来

　　与人的融合是首要问题。我们从上幼儿园开始，就正式进入社会人际圈了，就有了人际关系一说。从含义上来说，人际关系是个简单的概念，就是人与人之间的沟通和联系，但事实上要处理好人际关系却是个复杂的问题。提升融合力，首先要从处理好人际关系开始。

从不同的角度，可以对人际圈子进行不同的划分，比如工作圈、生活圈，或者核心圈、边缘圈，或者中国圈、外国圈，或者亲人圈、亲戚圈、其他圈等。也可以将一个人的人际圈划分为这样四个圈子：①血缘关系圈。就是自己家里人，包括父母、兄弟姐妹、叔叔婶婶等，是与家有关的圈子。②同学朋友圈。这个圈子以同学为主，与上学有关，包括老师、同学以及学习时认识的师哥师姐等。③工作人际圈。因为工作的缘故建立起来的人际圈，比如领导同事、生意伙伴、部队战友等。④其他关系圈。通过其他渠道和途径结识的熟人或朋友，比如旅行时认识的人或者棋友、牌友、侃友等。

一般来说，一个人的关系圈子人数有几十人。当然也有一些人的人际关系相当广，认识的人非常多，打交道的范围非常大，人际圈子成百上千，这样的情况也不少见。尤其现在是网络时代，微博、微信、QQ、论坛、网络社区等大行其道，有的人现实圈子加网络圈子，人际圈数量以万为单位计算，也不鲜见。当然也有的人圈子很小，除了家人亲戚、同学、邻居外，就没有其他什么打交道的人了。如何建立和管理自己的人际圈子是一门大学问，有许多讲究和道理。

人际圈子数量级：憋屈型：0～10人；适中型：10～100人；广泛型：100～1000人；超大型：1000～10000人；神人型：10000人以上。

人际圈子那么大，人那么多，要想跟谁都合得来，一般人很难做到。如果一个人能跟生活圈子中的绝大多数人合得来，他就算是融合力比较强的人了，与人的融合能力就算是达标了。如果和多数人合不来，那么肯定不是别人的问题，而是你的问题，你得从自己身上找原因。假如你和谁都合不来，那结果将会很可怕，除非真的是"真理掌握在你一个人手中"——但基本的生活经验告诉我们，这样的情况微乎其微。有的人与领导合不来，和同事合不来，甚至和自己家里人也都矛盾重重，有的人连与生活中接触到的陌生人都合不来，那这样的人不仅是人际融合力有问题，恐怕还有其他问题。

假如你的人际圈子里总共有 10 个人，如果你和 10 个人都能合得来，那你的人际融合力真的不一般。10 个人中虽然有人和你合不来，但你与其中的六七个或七八个人都能合得来，那么你的人际融合力也绝对没有任何问题。与个别人合不来，不是什么大问题，属于正常现象，不要因此有心理压力。合不来就合不来，能通过沟通等方式解决关系隔阂当然是好事，但如果确实解决不了，也没什么大不了的。不过，假如在 10 个人中你仅和两三个甚至一两个人勉强合得来，那就是大问题了，必须得分析原因，找到症结，从而提升你的人际融合力，改善你的人际关系状态。

一、智识互补：没有两个人是一样的

与人融合的好处很多，智识互补是其中之一。智识互补为什么对自己有好处呢？任何一个人都不可能穷尽人类的所有知识和经验，你花一生的时间和精力所学到的甚至连九牛一毛都不到。缺知识、缺经验就很难应对遇到的许多问题，这时候如果有熟人、朋友帮忙，问题就会迎刃而解。

这就是人际融合的价值，也是智识互补的好处。

有的人之所以人际关系差，原因有很多，比如他个性有缺陷、自私计较或者是非很多等，而且自身能力及素质甚至地域、观念等都会成为影响人际关系的因素。在种种因素中，有一种情况很有代表性，就是有的人只要感觉另一个人与自己在某些方面有一点分歧，就不想与其继续交往了。结果发现，与自己一模一样、没有任何分歧的人在这个世界上根本找不到，所有人都会和自己有分歧。这种情况比较典型，也告诉我们一个十分重要的人际交往原则，就是与人交往必须求同存异，而不是依葫芦找瓢。

地球上有数十亿人，没有任何两个人是完全一样的。人与人的长相不一样，思想观念不一样，兴趣爱好不一样……有太多的不一样。人与人之间的差异性有时候是人们相互吸引的原因，但许多时候则是矛盾的根源，正因为不一样，就自然会产生分歧，尤其是心理倾向方面的差异极易产生冲突，如兴趣、爱好、个性以及观念等。

不要因分歧而放弃，相反，正因为人与人之间存在差异性，才有了融合的价值，融合之后的集成联盟体的能量会比单枪匹马大得多。正因为人与人不一样，才可以取长补短，成为互学互助的共同体。

归纳、小结及延伸思考：

（1）求同存异是与人融合的基本原则。

（2）大肚能容必定有好人缘。

（3）仔细领会"水至清则无鱼、人至察则无徒"的深刻道理。

（4）不要因为一点点不爽就打算与人分道扬镳。

（5）与人交往的过程中，"娇、骄、矫"不可有——不可娇气、不可骄傲、不可矫情。与人交往，要时刻看到对方比自己好的方面，看到对方的长处——绝对有比你强的地方。要吃得了苦，受得了委屈，受得了罪，不要总是等别人来帮你、来伺候你，不要动不动就嫌累嫌脏嫌苦，嫌这嫌那不是好习惯。做老实人，干老实事，不要让弄虚作假、耍小聪明成为一种习惯，不要文过饰非，不要矫揉造作，不要小题大做，不要虚张声势，少作秀。

（6）不要因为自卑而不合群。

（7）改造影响与人融合的垃圾个性。

（8）放下怨恨天地宽。

二、理念激荡：思想碰撞产生高能量火花

一个人平常显现出来的能量仅仅是你所具有的能量的冰山一角，99%的能量潜伏着。潜能如何变成显能？要靠激发。激发潜能的办法很多，比如通过催眠术、通过悟性训练、通过极限挑战等。

与人融合是激发自己潜能的好方法。

别人不仅是你的一面镜子，还是你潜能的触发器。别人不经意的一句话、一个举动都可以成为触发你潜能的开关，能让你悟到很多的道理。尤其是在与优秀者、智慧者的交往中，更是有醍醐灌顶的感受。所以有人发出"听君一席话，胜读十年书"的感慨。

关于"听君一席话，胜读十年书"，有这样一个故事：

秀才进京赶考，晚上投宿在樵夫家里。两人聊到"万物都有雌雄"这个话题，樵夫问秀才："先贤说，万物都有雌雄，那么，大海里的水哪是雌哪是雄？高山上的树木哪是公哪是母？"秀才回答不上来。屠夫说："海水有波有浪，波为雌，浪为雄；公树就是松树，松字不是有个公字吗？梅花树是母树，因为梅字里有个母字。"巧极了，皇上出的题正是屠夫说的这个话题，这个秀才不假思索，一挥而就。不久，秀才被点为状元。他特地回到屠夫家，奉上厚礼，还亲笔写了块匾送给屠夫，上面题的是"听君一席话，胜读十年书"。

尺有所短，寸有所长，与人交流、交往，只要抱着借鉴和学习的态度，而不是挑剔和批评的态度，或多或少总能从别人身上学到对自己有益的东西，甚至有时候别人的一句话、一个行为会影响你的一生。不要以"志不同不相

为谋"等作为理由排斥与人的交往，和而不同，世上没有思想和性格完全相同的两个人，与人相合就要容得下分歧，在思想碰撞的过程中，在交往合作的过程中，应抱着积极的态度磨合和探讨，激发自己潜在的正能量。

三、免疫力强：互为防火墙

因为基因不同，所以世界上不会有完全相同的两个人，即便是双胞胎也有很多不同的地方。因为成长经历和教育环境不同，最终会形成多种多样的人生观、世界观和价值观；因为不同的人文环境，最终会形成不同的性格。因此，分析同一个问题，不同的人会从不同的角度出发，最终形成不同的看法。同样，发生在一个人身上的事，假定出现在另一个人身上可能会出现不一样的结果。

这就是差异，人和人的差异。

在生活中，我们需要与各种各样的人打交道。不过，人和人的性格脾气差异是很大的，另外还有其他方面的不同，最终导致一样的话语可以对这个人说，但对另一个人就不可以。了解这些，才可以懂得怎样和人打交道，才可以了解通过学习提高人的融合力。不一样的人，我们需要用什么样的语言、做什么样的事才可以打动他，最终让他按照我们说的来做，最终达到我们理想的效果。做到这一点，就需要比较好的融合力。

融合力强的人，首先会从双方的身份出发，断定对方当前心态的大致情况，然后根据对方的脾气和性格，再经过一番缜密的考虑，最终才决定采用什么样的话语和行动来和此人打交道。比如找人借钱，因为自己买房子差几万块，不想找银行贷款。这就需要对周围关系比较近的人加以分析判断：谁的手中有存款，而且最近没有什么大的花费，在符合这些条件的人中选定几个目标，接下来再从中选定比较大方、在钱财方面不抠门的人作为目标，然后再开始具体行动，登门拜访，想办法选择合适的话语打动朋友，最终达到理想的效果——借到钱。反之，同样是借钱，选择另外一个目标，那就需要另外的方式。说不定这个人抠门，尽管手中有钱，可抓住钱死活不撒手。即便你好话说了一大堆，他依然找各种各样的理由拒绝你。因此，选择这种对象借钱是不会成功的。

融合力强的人之所以办事成功率比较高，那是因为他在事前已经对这件事涉及的人做了周密的分析，然后又会选定合适的行动方式，最终达到理想的效果。融合力比较差的人之所以做事成功率不高，无非是在选择目标上没有经过缜密的分析判断，在行为方式上也可能选择不当，导致行为的挫败，达不到理想的效果。

四、形式多样：多姿多彩才奇妙

仔细观察一下，即便是同一类树木，也很难从中找到一模一样的两棵树。也正是因为这样的原因，让不同类别的动植物共同构成了这个千变万化的奇妙世界。人也是一样，即便是有着同样基因的双胞胎，也有不同之处。不同的脾气，不同的性格，不同的人生观、世界观和价值观，不同的成长轨迹，不同的爱好等，所有这些，让世界上的人千差万别，最终让这个人类社会美妙无穷，生机勃勃。

正因为社会上的人多种多样，所以在为人处世方面需要融合力。融合力强的人，不管和什么样的人打交道，最终都会达到满意的效果，这样的人适合当领导，因为领导需要和很多人打交道。作为领导，必须具备非凡的融合力，不可以见到一个人就吹胡子瞪眼，三句话说不完就要动粗，那样的话不会有人拥戴你做领导。从这个角度来说，要想有所进步，就需要在融合力上下功夫，想办法提高自己的融合力，学会和各种各样的人打交道，锻炼自己的办事能力。

提高自己的融合力，首先要善于观察不同的人，通过察言观色了解一个人的喜好和性格。做到这一点，也需要一定的经验积累。见过的人多了，和不同的人打交道的经验也会增多，再加上自己善于动脑观察，长时间锻炼后，你的融合力肯定会大大增强。

其实，尽管社会上人人都有所不同，但还是可以从性格、喜好、文化程度等方面来划分一些类别的。比如：知识分子一般都文绉绉的，说话文明，谈吐有逻辑，喜欢咬文嚼字，胆子比较小；工人动手能力比较强，说话一般都直来直去；机关人员说话办事一般都能顾全大局……所有这些，都需要在生活中观察了解。只有了解了不同类型人的品行，打交道时心里才会有底。随着时间的积累，和人打交道的经验也就越来越丰富，融合力就会不断增强。这是一种社会知识，同样需要学习，需要在社会上锻炼，在社会上提高，只不过，和书本上的知识比起来，这种知识似乎比较实际。

总之，正是由于世界上的人千差万别，才需要我们不断学习提高自身融合力，以便让工作和生活更加美好。融合力的高低在一定程度上代表着一个人的素质，大家素质都提高了，社会就会更加和谐。

五、差异引力：异类相吸

古话说："物以类聚，人以群分。"这表明物质是按照类别聚合在一起的，人是按照各种群体来区分的。不过，人和人在性格、喜好等方面上都有差异，这就会在分析某些问题时出现不同看法，引起分歧。但是，任何人在社会上都需要和别人相处，人离开社会是难以生存的，因此，在和别人打交道时如何避免分歧，是提高自身融合力的重要话题。

正是因为人和人存在各种各样的差异，所以才可以相聚成为一个群体。不过，在与别人相处时，我们要尊重别人的不同之处。只有做到相互尊重，大家相处才可以和谐，才可以快乐。

和周围人能够和睦相处，同样体现一个人的融合力。首先，需要通过察言观色或者其他方式了解周围人的品行和性格；其次，在别人和自己意见不同的时候尊重别人，别人得到你的尊重之后也会认可你的大度，同样也会对你产生敬意，这样大家才可以相处融洽，共同利益才可以实现。反之，遇到事情就从个人利益角度出发，根本不把其他人的看法放在眼里，这么做只能引起大家的公愤和声讨，最终被大家冷落。

人人为我，我为人人，只有在你事事想到别人的时候，别人才会想到你。人和人的差异很大，对一些问题的看法在层面和深度上有着显著的不同，只有在了解周围人的情况下才可以考虑到他们的想法。

周恩来有一次坐飞机遇险，需要中途跳伞逃生，而此时碰巧有个小孩座位上没有降落伞。结果，小孩吓得哇哇大哭。这时候，周恩来果断地解下了自己身上的降落伞让给了孩子。周恩来的举动得到了机舱内所有人员的尊敬。

上述案例中，机舱内人员是一个群体，大家对跳伞求生一事的看法不一样。小孩没有降落伞，吓哭了，可周恩来竟然将自己的降落伞让给了他。周恩来难道不害怕吗？这就是差异。周恩来尊重了孩子的意愿，同时也赢得了在场人的尊重，显示出了非凡的融合力。

因此，与人相处需要尊重其他人的不同之处，这样才可以得到别人的尊重，大家才可以和睦相处，才可以体现出自己的融合力。

六、相互锚定：你是我的安全感

每个人的信念、价值观和规条系统都会随着时间的推移而不断发生变化，原因是大脑里收录的信息也在时时刻刻发生着变化。这些信息通过大脑的分析论证，接下来就会影响到人的信念、价值观和规条系统，甚至还会引起人生观和世界观的变化。

世界在变化，人也在变化，因此，我们与别人相处时也需要不断地学习，不断地提高自己的融合力。昨天和这个人相处得很融洽，今天说不定就会变化。所以，要想和周围人长久和睦相处，需要时时刻刻了解他们的思想和行为变化，这样才能够了解他们和自己的不同之处，才能够在一些事情上尊重对方。另外，其他人也应该了解别人思想方面的变化，大家相互锚定，这样才可以和睦相处。

人和人相互锚定，需要不断地学习，与时俱进，不断了解周围人文环境、自然环境的变化，了解周围人可能接收到的一些信息，然后才可以锚定某些人的想法。

这样的例子在中国现代史上著名的"西安事变"里得到了很好的体现。

之前，蒋介石是一贯反共、剿共的，但"西安事变"时国内国际形势都发生了极大的变化。当时，占领中国东北的日本人对中国中原虎视眈眈，国家正处于危急关头，迫切需要团结起来。周恩来正是锚定了蒋介石的前后思想的变化，最终和其谈判达成了"国共第二次合作"，国共联合起来，形成了共同抗日的局面。

蒋介石的信念随着时局变动在不断发生变化，周恩来根据国际局势的变化判断了蒋介石当时的心情，因此让国共两党达成了合作的协议。

因此，在工作和生活中，每个人的信念、价值观和规条系统时时刻刻都在变化，所以没有一个人在不同时段都是一样的。和人打交道，需要根据当时形势、条件的变化来猜测对方心理的变化，进而锚定其本人信念。在此基础上和对方打交道，才能恰如其分地尊重对方的不同之处，大家才能相处融洽，自己的融合力才能得到增强。反之，像"刻舟求剑"一样，以之前的眼光看别人，不了解别人心态的变化，如此和人打交道肯定会矛盾频发，争吵不断，让周围人都处于一种"不安全"状态。

要营造和谐快乐的生活环境，让大家的融合力都得到提高，那就要时时刻刻观察学习，及时了解周围人信念的变化，对症下药，这样才能和谐相处。

七、异向铆合：志同未必道合

人和人都有差异，成长道路、教育历程都不一样，所以在人生观、世界观到价值观和信念方面都有明显的不同。不过，尽管两人之间的信念、价值观和规条都存在巨大的差异，但两人不一定不能沟通或者难以发展出良好关系。初来乍到，双方可能都会试探对方的性格、观念、分析问题的方法和角度，等相互了解对方的"路数"之后，接下来双方才会在一些问题上考虑到对方的不同，进而尊重对方。这样一来，也会得到对方的尊重。

正因为人们在各方面存在差异，这才给组成群体创造了融合的条件。大家说话做事才可以避开其他人的缺点，进而达到自己的目的，各取所需。反之，假如群内所有人的信念和想法都一样，那样就会形成这样一种局面：一个人想要得到的东西，其他人都想得到；一个人喜欢的事物，大家都喜欢，这样一来肯定会矛盾频发，难以相处。人和人只有存在差异才可以得到互补，才可以异向铆合。尽管各人想法和路线不同，但最终的目标是一致的，那就是都需要一个和谐的环境，都想和睦相处，也只有在这样的环境下才可以发展自己的融合力，最终达到自己心目中理想的效果。

这样的例子最为明显的莫过于中国历史上著名的"桃园三结义"中的刘备、关羽、张飞了。从性格、信念、品行来分析，刘备、关羽、张飞三人都有着极大的差异。刘备外表温和，有政治野心；关羽刚愎自用，喜欢显示自己；张飞性格直爽，脾气暴躁。也正是三人的这些差异，最终让他们在合作的基础上各取所需：的刘备自始至终都以老大自居，关羽统领三军，张飞冲锋陷阵。最终三人各自都实现了自己心目中理想的目标：刘备做了皇帝，关羽在荆州称霸一方，张飞成为三国名将。

尽管大家各方面都存在差异，可方向是一致的，都想实现自己的利益目标。只有从各自不同的意念出发，才可以在得到自己利益的同时尊重他人的想法，最终达到自己的理想效果，才可以做到异向铆合。反之，如果只盯着自己的小利益，根本不考虑其他人的想法，这样不仅达不到自己的理想目标，还会影响到其他人的利益，增加群体不和谐因素，最终让大家群起而攻之。

八、互留空间：把持心理舒适距离

　　人和人交往需要有尺度，需要给别人留有空间，这样做才可以显示出融合力，这样的友谊才会长久。只有考虑到别人新生的信念、价值观和规条，才能恰到好处地给别人留有余地，才可以进行良好的沟通。

　　生活中，"群体圈"内的人和人都是以各种各样的关系存在的，如同事关系、上下级关系、同学关系等；在家族内也是，有夫妻关系、父子关系、母子关系、兄弟关系等。在不同的群体中与人交往时，都需要从双方的关系距离出发，还要给对方留有余地，不可以越界，这样的交往才会成功。不过，尺度的把握需要根据对方新生信念、价值观和规条的变化而变化，才能恰到好处。比如，和同事相处。之前与一位同事只是正常工作关系，可最近这位同事业绩突出，成果连连，这时就需要变换一下交谈方式："哎呀，兄弟业绩发展不错啊，将来肯定前途无量。"诸如此类的话语肯定会让对方非常满意，因为你考虑到对方最近信念的变化了。另外，对方这段时间肯定工作繁忙，休闲娱乐的时间尽量少打扰，给对方留有钻研业务的空间。这样，双方的相处才会有轻松的感觉。

　　家族圈里关系也一样，同样需要考虑到对方不同时段信念、价值观、规条的变化，比如兄弟关系。过去如果兄弟生活窘迫，困难重重，这样的情况下，兄弟间相处时就需要以一些理由去接济对方。可是，最近这位兄弟经营某种生意业绩非凡，生意兴隆，已改变之前的困境。此时，对方不仅不需要帮助了，而且随着生意的发展，在家族的地位也在提高，此刻对方需要的是认可，你就可以说："兄弟，发展不错啊。真是时来运转。好好经营，咱们家族兴旺的重任就落到你身上了。"这样的话语肯定会让对方愉悦。另外，在吃饭请客方面，此时也需要给足对方面子，因为，这位兄弟已经与往年不同，必须要"刮目相看"。

因此，与周围人沟通，要想到给对方留有余地和空间，及时考虑到别人信念、价值观和规条的变化，才可以进行良好的沟通，人际关系才可以融洽。做事只有按照这样的规律去做，才能具有融合力，才可以达到理想的效果。

九、矛盾常态：没有分歧不正常

从哲学的角度分析，矛盾存在于任何事物中，只要事物存在，就会有矛盾产生，没有矛盾的事物是不存在的。同样，在日常生活和工作中，自己与别人的看法不一致，出现一些小矛盾或者小摩擦，也属于正常现象，不值得大惊小怪。只要及时分析出现矛盾或摩擦的原因，将问题说开，互相取得适度的谅解，大家还是可以和睦相处的，从中体现高度的融合力。

人与人之间，从出身环境到教育成长经历，从接触到的各种信息到各自的喜好，都存在各种各样的差异，因此，当遇到某件事情的时候，出现大家看法不一致的现象很正常。当然，其中融合力比较强的人能够考虑到其他人见解的不同，然后对大家的不同意见进行合理的分析和解释，这样一来，矛盾或许就不会出现。可是，随着时间的推移，事情在发展，如果大家都没有考虑到其他人的想法，那么矛盾就会出现。遇到这样的情况需要冷静，首先大家心里要清楚，这样的矛盾只是内部的小矛盾、小摩擦，根本不属于个人之间的成见，需要有人及时对矛盾各方进行调解，化解矛盾。不然，日积月累，矛盾就会越积越多，小矛盾就会成为大问题，就会影响团体的和谐。

　　小团体有小矛盾，大团体会有大矛盾，大小团体都需要有融合力强的人及时发现矛盾，及时去调解。化解矛盾之后，大家继续和睦相处。

　　事物都是在矛盾中发展的，这是发展规律。只有认识到这一点，我们才可以在遇到矛盾摩擦的时候做到不慌乱，冷静面对。另外，要想及时化解这些矛盾，需要及时了解团体内人员的想法，体会这些人心态的变化，然后再根据具体情况分析每个人的思路，找到化解矛盾的办法。不然，当矛盾出现时，自己根本不了解矛盾的来龙去脉，更不了解矛盾各方的真实目的，也不清楚矛盾各方当时的心态，这样去化解矛盾，只能让矛盾变大，成为"不管小乱，越管越乱"，最终激化矛盾，影响和谐生活，降低自己的融合力。

　　事物在矛盾中发展，人也需要不断学习，及时了解周围人信念的变化，才可以及时发现矛盾，及时化解矛盾，提高自身的融合力，达到理想的效果。

十、双向回索：大致对等即可

　　在力学上，力是相互的，单一方向的力是不存在的。同样，在工作或生活中，对待别人的态度也是大致对等的。对任何人都以冷眼相看的人，别人也会以同样的方式回击他；尊重别人的信念、价值观和规条的人，同样也可以得到别人对自己信念、价值观和规条的尊重。人和人在各方面都存在或大或小的差异，大家都需要尊重对方的不同看法，只有这种尊重得到相互传递，大家的融合力才可以得到提高，我们的生活才可以变得更加和谐。

　　世界上的人都是以各种各样的群体作为生存单位的，脱离群体的个人很难生存。随着时代的发展，人和人的交往更加频繁。可是，在交往中，由于人在信念、价值观以及规条等方面的不同，对一些问题的看法也会不同，这就会引发矛盾和摩擦。出现这种情况，最好的办法是尊重对方和自己的不同，给予对方见解充分的考虑，即便有时候对方的想法出现了错误，也要给予耐心的解释，让对方充分认识到自己观点的错误。这种做法就充分地尊重了对方。

我们尊重他人，他人也会有所感触，也会考虑到双方见解的不同，下一步就会尊重我们的意见。这样一来，事情就会变得更好处理。做到这一点，需要人们提高融合力。反之，有的人做事只从个人的小利益出发，从来不把别人的观点放在心里，达不到自己的目标誓不罢休，并为此不惜吵闹厮打，这属于典型的没有融合力的做法。这样的人根本不知道尊重他人的信念、价值观和规条，眼里只有自己的利益，这样只会引起对方的愤怒，结果肯定会不和甚至大打出手。遇到这种人，很多人恐怕只能"敬而远之"。长时间下去，这种人的人脉圈只会越来越小，办事也会越来越困难。不尊重他人的人，他人同样也不会尊重你。

人是社会的一分子，离开了社会谁都会寸步难行。既然在这个社会上生活，就需要和别人交往。我们只有提高自己的融合力，充分尊重他人的不同点，别人才会尊重我们，这样一来，我们的人脉圈才可以发展壮大，融合力和亲和力才可以不断增强，办事才会越来越顺利。只有尊重别人，别人才会尊重自己，社会才能和谐，生活才会变得更美好。

第二章　环境律：在哪里都一样

如何与环境融合，一点也不比与人融合来得轻松和次要。严格来讲，除自身之外的一切都属于环境，但这里所指的是除环境人之外的一切。将人与其他区分更方便于理解和说理，也更符合习惯。

一、主动适应：山肯定不会过来

世界上所有的一切，都处于不断的变化之中，这为所有人提供了体验丰富多彩生命历程的机会，同时也让那些对环境变化适应能力差的人痛苦不已。历史上，每当改朝换代时，就有这么一大批人涌出，人称"遗老遗少"。这种人在历史的大潮中，总想逆流而上，回到最初，看人不顺，看规矩不对，看世道总觉得是在没落。

可是，恰恰相反，那些新出现的事物，往往以强大的冲击力把这些因循守旧的人"拍死在沙滩上"——你不去适应环境，那环境就会无情地淘汰你。

所以，一个人要想在社会中有一番成就，就要想办法提高自己融合于大环境的能力。这个道理著名生物学家达尔文也曾经用一个词形容过：适者生存。人类进化史上太多物种因为不适应地球变化而绝迹了，比方说猛犸。再通俗一点，你要翻过大山，抱怨山高没用，调整心态去想想怎么才能更快更省力地翻过去才是正理——如你所知，山不会因为你的抱怨而主动让你过去的。

深究那些讨厌变化者、那些对环境融合能力差的人的心理原因，总结为以下几点：

第一，惰性使然。早已习惯的东西最好放在原位，早已习惯的人最好还是原样，早已习惯的工作最好不换。一旦变化，就要费时费力去适应，怕累。

第二，不善于改善自身能力、提升自身价值的人。这些人在固定的环境里还可以生存下去，一旦周围环境发生变化，他就无所适从，不知道该如何应对了。

第三，本身有着守旧情怀的人。这种人多数为性情中人，感性大于理性。总是把美好留给过去，苛责眼前的人和事。他们认为过去的花是鲜艳的，过去的月亮比现在亮多了。

而事实是，很多事物都不会因个人的意愿而改变，它们通常是客观存在，一定会发生的。所以说那些太从个人小世界出发，去抗拒和抵抗变化的举动，都是不可取的。要建设积极的人生，首先是和你不愿看到的一些外部现象达成和解，按规律行事。所谓"识时务者为俊杰"，说的就是这个道理。

要想修炼成在各种环境中都能做胜者的本领，不妨从以下几个方面来提高思想意识：

首先，不管你愿不愿认可，都要明白世间万物之变化是非常客观且普遍的。承认这一点，关系到你有勇气根据变化适时调整自我。

其次，尽量让自己调整到能主动去接受客观环境的变化，而不是勉强或者抗拒。这点非常重要，在心理上，主动做一件事和被动做一件事，其效率相差甚远。主观上接受变化，就能够做到主动出击，挑战困难。你的行为有目标，整个过程是积极愉悦的，尽管艰难但成就感很高。被动接受环境变化，从本质上来说你很难真正融合到新的环境里，那种消极的心态和无奈的情绪，会让你痛苦不已，很难成功。

最后，要充分认识到所有变化的环境都包含了危险因子，同时也蕴藏着巨大的机会。你能意识到这一点，就迈开了适应环境、融入其中的第一步。能够抓住机会，把不利因素变为有利资源的人，才能笑到最后。

二、自我推动：少点依赖心理

人生在世，难免会遇到这样那样的困境。而事实上，困境也是因人而异的。对于那些只会抱怨，而不寻求改变的人来说，困境就是困境；对于那些能积极融入环境，甚至在困境中有所创造的人来说，困境和机遇是相同的。

总幻想天上掉馅饼的人会饿死，而挽起袖子做大饼的人，有可能既满足了自己的口腹之欲，也能借此发财。所以，凡事少点依赖心理，积极建设自我，努力让自己成为走出困境的高人，才会事事无忧，在何种环境里都是王者。

台湾著名女作家三毛，因为看了一本地理杂志，而对撒哈拉沙漠情有独钟。她和丈夫荷西冲破万难到达那里，却看到的是茫茫黄沙，荒寂贫穷。刚开始在这样的环境，三毛还是非常不适应的。她在作品里写自己从早上坐在空空的屋子里，看流沙从房顶的天窗里慢慢流下。那样的苍凉与孤寂，那样的贫瘠与荒芜，确实不是一般人所能承受的。但是，三毛能很快改变自己，哪怕是在沙漠这样生态环境恶劣、人文素养较差的地方，她也能活得很自在。

她从装扮屋子开始着手，干枯的树枝、废旧的轮胎、垃圾场捡来的废料被她巧妙地做成装饰品，人们对她的小屋赞不绝口，来访者络绎不绝。同时，三毛用自己的热情和善良感化着沙漠原著居民，收获了许多朋友。

就这样，她把一个原本无法居住的地方变成了天堂。而让她名扬天下的作品，也大都是描写这片神奇的土地。

这个例子告诉我们，让自己强大起来，任何艰难的环境都不是问题。做到这一点需要两个方面的调整：一是无论身处何种状况下，不要抱怨。只顾抱怨的人，是不可能看到那一线生机在何处的。二是就地取材，有开拓的能力，让自己成为环境的主宰而不是听天由命。

虽然老祖宗有人定胜天的豪言壮语，但人的能力毕竟是有限的，千百年来，即便是人类发展到现在的发达程度，也难免遭受天灾等祸患。那些不努力去推动自我、建设自我的人，那些靠天吃饭的思维，注定让个人乃至整个社会的发展停滞不前。因此，奉劝那些总是一副听天由命姿态的人，少点依赖心理，多点对自我的提升，做迅速融入环境的强者。

三、搜寻价值：发现的眼光，创造的手脚

甲拉了一大车质优价廉的鞋子到乙的商店推销，但被乙断然拒绝。为什么？因为乙的商店专营玉器。

这是一个看起来像笑话的故事，但是在与相应环境融合的过程中，你敢说你没有犯过这样的错误吗？有时候你觉得自己足够优秀了，但总得不到理所应得的待遇，这其中就有可能是因为你提供的个人价值和大环境的需要出现错位。不是别人不认可你，是你的价值在他那里没有用处。

怎么能让你的价值正好被他人所用？怎么做才能很快和环境融合在一起？

美国著名的罗纳德教授，曾对500多位MBA跟踪调查，最后得出10个结论，这10个结论直接说明了获得高薪的方法。其中最重要的就是，一个成功的人，必须有让他人发现自己能力价值的意识。同时，也要有一帮能够认可你的价值、对你职业发展有帮助的"良师团"。

良师群体中的那些人，最首要的一点就是一定要对你这个人的价值有所了解，同时和你所擅长的领域有交集，他们懂得你发展所需的知识、专业和

人际关系。在你发展过程中遇到困难时，他们会坦诚帮助你。而帮助你的结果是你的价值得到提升，反过来可以更有利地协助他们的发展。必须指出的一点是，你所发现的这些人，要对你融入环境、提升自我价值有直接的帮助，不然的话，就像开头所提到的故事，你有再好的商品但是走错了商店，也不会得到青睐。

有一个刚毕业的大学生，他的成绩非常优秀，在学校对专业领域的研究也非常到位。但是到了单位，一直做和自己专业无关的事情。有时候他对领导说自己的想法，领导也是无奈地说：你那些想法很好，但是我们不需要啊，你只要把现在的工作做好就行了。

这个人一直觉得和周围的环境格格不入，壮志难酬。同事对他的"好高骛远"也是冷嘲热讽。

在一次全体会议上，他发现另外一个部门领导的观点和自己有相同之处。于是，他私下和这位领导沟通，一拍即合。虽然又从底层做起，但这次他兴致很高，和同事的关系也开始在合作中融洽起来。后来，他觉得自己如鱼得水，工作做得越来越风生水起。

其实从营销方面来解释这个现象，可以简单描述为：成功经营你自己。著名商业学家高群耀曾说："在当今时代，市场机遇的分子和市场竞争对手的分母同时都在增加，当你发现一个职业发展的机会时，你的竞争对手也同时增加了一批。"不能成功营销自己的人，是不能适应竞争，并获得胜利的。总的来说，你要有善于发现的眼光和创造的能力。

第一，发现自己的特定价值，准确定位自己的作用。

第二，让他人发现你的潜力，并推动你的发展。

第三，要跟对能提升你潜力、激发你创造能力的人。

第四，找到适合自己的发展空间，不然你会在碰壁中丧失对自己的信心。

四、情景导引：环境是心境的镜子

环境对人的影响是不可估量的，甚至有人说环境造就人。其实想改变一个人很难，但通过改变他所处的环境，他整个人也就开始改变了。从科学意义上来说，一个人的内心是由情感、意志等因素组成的，而这些往往和外部环境关系密切。拥有积极心态的人，可能不会做每件事都成功，但他思考和做事的路子是对的，就更能接近成功。反过来说，一个心态消极的人，几乎没有成功的可能，即使靠偶然的运气获得暂时的成果，也是不长久的。因此，通过情景的导引，让一个人建立起好的心境，去更好地融入环境，是非常必要的。

在商业领域有一个普遍流传的案例：两个欧洲商人到非洲去做生意——卖皮鞋。到了非洲两个人就傻眼了，因为当地的气候非常闷热，几乎所有人都是光脚丫的。凉拖都不用穿，谁会买皮鞋呢！商人甲顿时垂头丧气：在这样的环境，是不可能卖出一双皮鞋的；但是商人乙对此状况却异常兴奋，他觉得最好的机会来了，因为这里没有任何竞争者，也没有类似商品出现，这样的机会是千载难逢啊。

后来，商人乙很快说服当地人穿鞋子，他的市场空间异常大，鞋子很快卖完了。商人甲空手而归，还赔了不少。如果他改变一下沮丧的心境，情况是不是也会改观呢？

有时候，一念之差就能够导致人与人之间出现巨大区别。仔细回想一下，在生活中，如果我们所处的环境发生变化，心态就会跟着发生变化；心态发生变化，处境就跟着变化。这些相辅相成的联系，有时候经常是被忽略的。

另外，需要注意的是，很多所谓的失败者，都首先败于自己的心态。这些人在稍微艰难的境遇中，就会悲观绝望，遇到事情第一个念头就是"这很难，我怎么可能完成"。而且这种定性的判断是没有经过尝试、在行动之前就发出的感叹。没有寻找解决困难的方法，不经思考和尝试，就果断放弃了，最后的结果就是，说不行就不行，行也不行了。

更多人把自己失败的原因归结为所处的环境，我们周围似乎有很多这样的人：我想上哈佛，但是爸妈没遗传给我学习的天赋啊！或者是，我身边总是没有好的人脉围绕，有壮志也难酬啊！这类人用环境好坏来决定未来得失，而忘记了自己还有可以创造的机会。在这种心理引导下，自身的行为会非常消极，恶性循环之下，可以达到不管外界环境怎么变，他都不会再有积极的心境。

事实上，点醒这类人，只需要一点：做环境的主人，环境不能决定个人的成败。让环境转化为对自己有利的境况，然后引领心境，之后就能向着目标进发了。还有什么地方会比纳粹集中营更为艰苦的呢？还有谁比那里的人心境更糟糕呢？但是当初的幸存者维克托·弗兰克尔说："在任何特定的环境中，人们还有最后的一种自由，就是选择自己的态度。"类似的忠告和提醒比比皆是。

五、抛弃幻想：贴上去

侥幸心理在人的一生中恐怕都是会闪现几次的。人的惰性是与生俱来的，所以人们期望有特别的幸运，有暂缓面前困境的想法，也是可以理解的。但是真正碰到你需要解决实际问题的时候，还是要把所有不切实际的幻想都丢掉，然后马上付诸行动，如此才是融入环境、获得生存或者生存得更好的做法。

有个故事讲述的是一个名叫塞尔玛的女性，因为丈夫工作的原因，她随其到了沙漠中的一个军事基地。沙漠生活本来就无比枯燥、孤寂，加之丈夫是军官，经常到沙漠深处演戏，所以常常是她一个人待在基地的小房子里，忍受高达52℃的酷热。没有人和她说话，身边的墨西哥人和印第安人并不懂英语。这所有种种，让她无比痛苦。最后，她给父亲写了一封信，把自己的境遇都一一说明，并表达了想回家的强烈愿望。父亲看了她的信，给她回了一封很简短的信，只用两句话：两个人从牢里的天窗向外望，一个看见了泥土，一个看到了星辰。

这简短的两句话震惊了塞尔玛，她下定决心，在这片沙漠中找到自己的那颗星星。从此以后，她就开始和当地人打成一片，试着去融入他们的生活。经过改变自己，她发现周围的一切都发生了变化：原来那些离自己远远的陌生人，开始变成自己的朋友，他们热情而友好，使塞尔玛感觉生活开始有了色彩。这里的环境也开始生动起来，比如仙人掌和可爱的土拨鼠，沙漠壮丽的夕阳景色，都是如此神奇。她开始享受这里的生活，像一个探险家或者考古者，研究奇特的沙漠植物和动物，所有的事情都那么美妙。她完全沉浸在原本感觉痛苦的生活里，找到了与环境和谐相处的方式，也慢慢找到自己的价值。后来以此生活为依据，她创作了关于沙漠生活的书籍——《快乐城堡》，成为畅销一时的精品书。

因此，积极改变环境是获得自我新生的机会，而等待好运或者消极无为，则是自我毁灭的开始。要想真正在恶劣情境中有所进步，必须注意：

第一，立即丢掉侥幸心理，越快越好！靠幸运让一个人走出困境的概率你就不用深究了，就当你从来不会遇到幸运之神的青睐，去奋斗吧。

第二，有积极改变困境的心态，不要在抱怨和沮丧中丢失本该属于你的机会。

第三，认识到并永远承认，主动适应环境、改变自己，比期待沙漠变绿洲要容易一些。

六、放低身段：别人能过活，你也要能

有个故事讲的是一个地方发生了天灾，洪涝使所有人的财产都荡然无存，幸存的人一起迁移到另外的地方。

这个地方有个金矿，流落到这里的灾民们就去金矿上干活，养活自己。

这其中有主仆二人，水灾前主人家财万贯，有享不尽的荣华富贵；而仆人则辛辛苦苦伺候主人，获得一点微薄收入。到了异乡的金矿上，仆人开始劳作。他本来就很勤劳，所以觉得这里的收入要比之前还好。仆人就这样靠双手养活自己，也养活主人。

后来，金矿上的人就很奇怪，说现在都身无分文了，为什么主人还那么心安理得地靠仆人劳动，坐享其成呢？仆人想想也是，就和主人说了，并且建议主人也去金矿淘沙，这样两人的生活会更好。

主人断然拒绝了仆人的建议，他觉得自己一生都不会沦落到和这些人为伍的份上。拒绝之后，他就愤然离开。仆人无可奈何，自己继续在金矿上劳动。过了不久，仆人靠出色的劳动获得了一个管理者的职位。再后来，仆人成为整个金矿的接管人。后来有人告诉他，他原来不可一世的主人，现在沦落为乞丐了。

这个故事，涉及在困境中如何定位自己的问题。仆人其实角色转换并不难，因为本身定位就低；而主人不能随机应变，所以落得一个悲惨的结局。

历史上，能随着环境改变，随时放低身段随机应变的人很多，刘备就是其中一个。虽然他的雄心壮志并不比当时的群雄差，但刘备一出道就非常低调，不惜做各一个有实力队伍的下层合作者。从公孙瓒到曹操、袁绍，再到刘表甚至包括吕布，都在他头上耀武扬威过。但是这些放低身段获得的经验，为后来他在巴蜀之地建立不朽功业，奠定了坚实的基础。

古人云："能伸能屈大丈夫。"想要在社会上有所建树，高姿态必不可少，但是低头谦逊甚至有意放低身段或许更有用。有一个公司的老板，他觉得市场空间很大，但是又不知道怎么开拓才好。有一天，他想了一个主意，自己到日本的大公司应聘，做最底层的员工。后来，他从最细微的事情做起，慢慢高升。在这期间他做产品的经验越积越多，对开拓市场的事也越来越谙熟。后来，他又回到公司，没过几年，这家公司就成为了全国知名的企业。

不过，每一次低下头、弯下腰，都是要有目标、有收获的，不然这样的举动，是会适得其反的。放低身段的时机，一般包括以下几种：

首先，环境极为恶劣，你需要在卑微中生存，或者在高傲中死亡，这时候必然选择前者。所谓"留得青山在，不怕没柴烧"，要为他日东山再起做准备。

其次，你心里的宏伟蓝图已绘制好，就差从底层做起一步步实现了，那么请低头前行吧。

最后，从心理和体力上，都能够接受从高处跌落的悲催，也有从低谷中重新启动生命的勇气与决心。不然的话，有可能你低下的头，再也抬不起了，此时和整个环境更格格不入，也别提融合了。

七、削足适履：除非你想光脚丫

无论你是何种身份、地位，这个世界所提供的外部环境基本都是一样的。举个简单的例子，即便你身居高位，到雾霾萦绕的地方，依然和大家呼吸一样的空气。所以说环境有时是无情的，但却是极为公正的，它待众生都一视同仁。而其他生命环境也是如此，历史给人们的机遇几乎是同等的，有些人能够成就大业，有些人却碌碌无为一生。

所以，在相同的境遇里，那些懂得适时调整自己去适应环境，而不是和环境"拧巴"的人，才能够真正与周围的人和谐相处，有所成就。

不过要注意的是，不是所有的人都会很快适应环境的。和环境的融合，需要从能力和速度上来区分。外向性格的人会很快适应新环境，但内向性格的人则不然。在职场上，那些很快和同事打成一片的人，往往是外向者。但是内向者却适应得非常之慢，过了很久，他们对一些人和一些事都是小心翼翼，亦步亦趋。

在社会上，大家公认的事情是外向者和整个大环境的关系会更和谐，也会比内向者更能左右逢源。在一些机会面前，他们更能占得先机。事实上，这是个误解。无论在环境适应方面，还是在人际交往方面，外向者和内向者的差别只是时间造成的问题，而不是本质问题。比如说，一个内向者也可以通过长一些的时间来适应环境，并在一段时间后交到新的朋友。甚至从实际情况来看，内向者一旦适应环境后，更能用细腻的思维来利用环境；他们对朋友的忠诚与仗义，也能维持更好、更稳定的人脉关系。

与外向者相比，在对待新事物方面，内向者往往在一开始显得非常笨拙。

而同一件事，放到外向者身上，就会好很多，甚至有些人一上手，就非常熟练了。有时候那些从表面来看人的人，会误解内向者的能力。所以在初始阶段，外向者会在机会中占据好的位置。这个时候，内向者常常是在想这件事的一些细节，对一些细节刨根问底，不然贸然去做会觉得很不安。如果外界并没有给予他们答案，内向者就会发挥自己爱专研的性格优势，一直到搞懂为止。这个过程看起来很费力不讨好，但是它所带来的后期效应是惊人的。在其他人后力不接的时候，他们往往已经研究出一些稳定的见解，实时抛出一些令人惊讶的观点。所谓不鸣则已，一鸣惊人，就是这个道理。

所以，无论是哪种人，都有自己的长处和短处。能够认识到自己的优势，并用这种优势来处理和他人、环境的矛盾，会有很好的效果。如果硬生生地要直接发生一些表面化的改变，反而会适得其反。削足适履的事情，既伤害了自己，又不能很好地融入外界环境里，是得不偿失的事情。

八、转换动机：慎心

人生在世总会有些目标，总有各种各样的欲望。人们在完成这些欲望和目标的过程中，不可能不和外界产生千丝万缕的联系。有些人为了实现自己的某些愿望，有不择手段的倾向。从人的长期发展来看，从人和环境及他人长期共处的关系来看，在欲望过于强烈，有可能导致你与他人相处不融洽的时候，不妨及时审问内心，从道德层面上审视自己的行为是否恰当。能够这样自省的人，恰恰是最终成就大事的人。

人的情感欲望是非常正常的事情，那些健康的欲望包括对于求知的欲望、对于成长和成功的渴求以及对于建立事业的想法等。胸怀大志，并拥有崇高理想，奋发向上，都是我们应该推行的普世价值。而如果只顾个人享乐，放纵自己的欲望，比如说对权力、金钱、美色等的欲望，常常会让人脱离道德的束缚，导致人格缺失、道德沦丧。所以，要树立高尚的道德追求，守住欲望的底线。守好欲望的底线，管好欲望的水闸，不能开的时候一定不能开。但正常的水闸，该打开的时候要打开，只是控制它不泛滥就好。

什么是该打开的闸门呢？它是指人们对道德限度之内的欲望，也要有清醒、理智的把控能力，要控制合适的度。如果没有道德的牵制，很多正常的欲望就会成为阻碍你的某种桎梏，让你人生的堤岸彻底垮掉。西汉著名史学家司马迁在《史记》中说："欲而不知止，失其所以欲；有而不知足，失其所以有。"战国时期的韩非子也曾经说过："贪如火，不遏则燎原；欲如水，不遏则滔天。"这些都劝诫人们，做事的时候要守住底线，对于欲望要有限制，保持头脑的清醒和理智。这样一来，心理健康，容易知足，就能够把欲望控制在合理的范围之内。从各方面来说，欲望只能成为灌溉人生的养育之水，使理想日益丰满，而不应该成为淹没整个人生的祸水，最终溺亡自己的人生。

还是那句话，每个人都有自己的目标，对于实现欲望的渴求也都是强烈的。但是最后你是成功到达还是适得其反，就完全是两码事了。从科学转换自己的动机来说，以下几点值得注意：

首先，如果你的目标可实现性太差，就及时终止，不然很容易走上歧路。

其次，如果你的目标可实现性强，但中间需要经历很多的曲折和磨砺，那你就做好接受考验的准备。在整个过程中，始终记得初心，记得目标，不要因为急于到达目的地而采取非正常的手段。

最后，谨记每个人是不同的，走向成功的道路也不相同。盲目地重复别人的道路，可能会因为太过急切，只看到表面而忽略了本质，从而误入歧途。

九、随风逐浪：少逆着来

在实际生活中，每个人在做事时都会衡量这件事的价值在哪里，到底值不值得做。比起别人的看法，这件事对自己到底有多大价值，肯定要优先考虑。每个有独立思考的人，都不会在别人圈定的范围内做事情。但是我们又不可能不顾及自己行为对他人和周围环境的影响。

每一个生活在群体之中的人，在做任何事时，周围的环境都会对他产生约束。有时候，我们需要去观察一下他人的脸色，然后决定自己的下一步行动——这并非是趋炎附势，而是一种灵活的行为方式。那些不顾及他人感受、一意孤行的人，是不可能得到他人认可的，也是难以和周围的环境和谐共处的。而那些与周围环境相处和谐的人，无一不是对他人的想法、感受都很顾及的人。

一个从小被娇生惯养的年轻人，初入职场，很多时候不会顾及别人。比如在聚会的时候，他拿着菜单，按自己爱吃的点了一堆。结果他口味偏辣，很多人不喜欢吃辣，只能看着他吃。久而久之，大家有什么活动，都不愿意带着他。他感觉自己在单位被孤立，却找不到原因。还有一位年轻人，非常谨慎，有一次到老板办公室送资料，听到老板在打电话，就一直在门外等了一个小时才进去。结果老板打电话时需要材料上的内容，就批评了他一通。后来一个同事请客，他不愿意去，因为怕欠下人情，大家死活劝他，他才去。谁知吃完饭，他硬塞给请客者100元钱，让请客的同事尴尬又愤怒。

这样两个极端的例子，都属于不顾及别人感受的。这样的人难免在大环境中被孤立。试想，他们想做一些事情，别人都避而远之，谁会去帮他呢？其实和他人和谐相处的能力，并不是那么刻板地可以数出一二三条，有时候你就随着大家，少做特立独行的拧巴人，就可以了。

随大流有时候是一种人生智慧，但不是低三下四。要做到这些，我们一定要端正自己的观念：

首先，顾及他人的感受，就是对自我的尊重。想想你不当的行为是不是会惹得他人愤怒，反过来使别人做出不尊重你的行为？

其次，不要在一个心情糟糕的人面前，讲你得意的事情；同样，也不要在他人高兴的时刻，说一些和自己情绪相关的丧气话。

最后，在共同完成一项工作的时候，对于别人的错误，不要用尖刻的态度指责他；有时候你的忽略或者轻松点明，会令对方对你大为感激，比你的斥责效果好上百倍。

十、启动内能：不声不响不抱怨

中国有句俗语："龙生九子，九子不同。"世界上每个人的天赋、家族环境、地理环境等都不一样，但相信上天给每个人都留了一扇窗，你是否去打开它，就是你自己的事情了。

换句话说，你是否能发现并挖掘出自己的潜力，而不是整天抱怨，对你的成功至关重要。

在各种"二代"优越感爆棚的年代，有人说寒门再难出贵子了，这是典型的消极理论。有一个年轻人，他说自己压根都算不上寒门，因为家里贫穷得连门都没有。但是他觉得自己特别幸运，父母对孩子的学业倾尽所有地支持。虽然父母没有读过书，但是不遗余力地鼓励孩子学习。怀着对父母的感恩，这个年轻人没有抱怨自己出生在贫困家庭，也没有觉得自己比那些富有的同学低一等。他勤奋和不抱怨的态度，感染着身边的每一个人。同学们在维护他尊严的前提下，默默帮助他；辅导员也尽力为他找勤工俭学的工作。在上大学的几年，他的生活过得比其他人更丰富多彩、更充实。

同时，家境的贫寒让他体会到富裕家庭孩子所体会不到的艰辛，他也提早体会到了社会本身就存在的种种不平等。在踏入社会后，他很快适应了社会，就像是工作多年的社会人一样老成、熟练。他很快得到领导和同事的认可，在别人刚起步的时候，他已经把事业做得风生水起了。

谁不抱怨，谁先融入，谁得意。

其实每个人的人生都不相同，他们之间也没有可比性。你的人生是什么样子，不是比出来的，而是靠自己走出来的。它的决定权在你手里。人生的感受也是属于你个人的，你一辈子都觉得怀才不遇，那你的人生就是叹息抱怨的一生；你一辈子积极向上，那你的人生就是奋斗、充实的一生。很多人不懂得这个道理，遍观古典诗词，那些原本才华横溢的人，郁郁终生的又有多少呢？

做斗士而不做怨妇型的人，你的人生必会精彩。

谁说人的命运天注定？那些敢于和命运抗争的人，总会脱颖而出，打破世俗的定义，重新开启属于自己的人生。英国有部叫《人生七年》的电影，这部电影以纪录片的形式记录了 12 个生活在不同阶层的孩子。然后每隔七年就采访他们一次，普遍来说，这些孩子的人生轨迹原本是哪个阶层的，后来还是那个阶层。但是一个叫尼克的底层孩子，最终在纪录片结束的时候，成了一所大学的教授。所以一切皆有可能，谁能判定你的人生呢？

　　或许我们可以乐观地想，上天给你一个非常低的起点，无非是想让你的人生在奋斗中更精彩一些，让你去勇敢地上演一部绝地反击的故事。所以，人们曾戏言"闷声发大财"，这也有一定道理。有那些喋喋不休抱怨的时间，不如去发挥自己的长处，努力拼搏，最后品尝成功的喜悦。

第三章　效果律：不玩虚的玄的

　　在与人和环境融合的过程中，融合能力强不强，采取的方法对不对，路子顺不顺，融合的效果是唯一的衡量标准。当然效果如何没有绝对的标准，一是别人的看法，二是自我感受。具体问题具体对待，综合各方面说法作结论。

一、空话无用：空话就是假话

20世纪80年代，一部著名的电影《神鞭》中有这样一个情节：玻璃花请著名的武师来和神鞭傻二较量。那位武师口若悬河，满口都是拳术方面的知识，从少林硬功到武当内功，再从南拳北腿到大力鹰爪，似乎天下没有他不知道的拳术。可是，等到和傻二真正较量时，只一个回合，那位拳师就败在了傻二的"神鞭"之下。

从上面的例子可以看出，只会说空话没用，即便说得非常正确，可是做起事来没有一点效果就很难让人信服，只能让自己"圈子"内的人寒心。长时间下去，自己的融合力就会减弱，将会走到众叛亲离的地步。相比之下，那些具备真才实学的人尽管平时默默无闻，可到了关键时刻却出手不凡，能够轻而易举地将"圈子"里朋友们都认为不可能做到的事情搞定，让大家刮目相看。这种人后来在"圈子"里的融合力会大大增强，他们用真实本领证明了自己。我们都知道，只说做法的人，即便他说得再有道理但却不顾有没有效果，那也是在自欺欺人。自欺欺人的人只能让在他周围的人寒心，只会让自己的融合力下降，最后变成"孤家寡人"。

融合力不是靠空话和假话得来的，因为谁都不愿意和一位整天只说空话的人打交道。大家最喜欢的莫过于既有真才实学而又默默无闻的人。毕竟，事情还是要做的，生活还要向前迈进。如果大家坐在一起每天夸夸其谈，可到头来什么事情也做不成，那样的团体，那样的企业，能成就大事业吗？大家跟随这样的人做事，能取得事业上的成功吗？

人人都想出人头地，都希望实现自己的人生梦想，不希望自己一生碌碌无为。明白这个道理，就清楚大家为什么都喜欢融合在具有真才实学的人身边了。大家聚集在这样的人周围，就会形成"一个好汉三个帮"的局面，肯定能打造一片新天地，开创一番不凡的事业。相反，只会空口说假话的人，只能降低自己的融合力，让周围的朋友渐渐离他而去，因为朋友们都感觉到，和这种人在一起最终只会一事无成。

因此，空话、假话只会误事，耽误了自己的成就和事业，还要殃及朋友。从这个角度分析，要想成就一番事业，必须少说空话和假话，必须务实、真抓实干，那样才能将周围人凝聚起来，大家齐心合力才能有所成就，你才能让每个人的人生大放光彩。

因此，别说空话，那样会降低你的融合力，最终让你一事无成。

二、效果为上：好听好看不能当饭吃

20 世纪 80 年代，来自中国湖南的一位普通研究员进入了全世界的视野，他就是袁隆平。人们发现，袁隆平研究的"超级水稻"能够解决地球上亿万人的吃饭问题。

2004 年雅典奥运会上，中国的运动员刘翔一举成名，原因是他在 110 米跨栏比赛中的惊人速度，第一次让全世界都看到了亚洲黄种人的不凡体力。

从以上例子可以看出，袁隆平和刘翔之所以能得到世界的认可，是因为他们取得的优秀成绩。成绩出来了，大家自然会承认你，信服你，鲜花、荣誉都会属于你。这时候，你的融合力才会因为你出色的表现而增强。相反，假如你做了很长时间工作却看不到效果，人们是不会信服你的，荣誉不会给你。这样一来，你的融合力肯定会降低，人们看重的是做事的效果。

因此，要想增强自己的融合力，只能埋下头来踏实苦干，用血汗才能浇灌出出色的业绩。人们看到了刘翔胸前的奖牌和鲜花，可在这背后，是无数个日夜洒在跑道上的汗水。没有长时间的辛勤苦练，刘翔不会得到2004年雅典奥运会的惊人成绩；袁隆平院士的成就举世瞩目，可那都是袁隆平院士把别人用来娱乐的时间花费在水稻田里辛苦耕耘的结果。正是因为那些挥洒的汗水，最终铸就了他们事业上的巨大成功，让他们成为很多人心中的榜样。

通过做事出成绩，达到一定的效果，增强自己的融合力，这是人人都希望的。而有的人也在辛勤苦干，为了事业流血流汗，可是他们却没有做出效果，更没有增强自己的融合力。细细分析一下，这些人之所以没有出效果，或许是因为他们的工作方法不科学，不适合自己。要知道，做事情必须讲究方法，方法不仅要正确，更要科学，还要适合自己，只有苦干加上运用科学有效的方法，才能让自己的事业有起色，才能出效果，最终才能增强自己的融合力。

有些人为了吸引大家的目光，为了增强自己的融合力，就大肆吹捧自己，可是，等"水落石出"之后，终将会"原形毕露"。人们看重效果绝对有道理，说明大家都注重实际，不看重虚假的东西。从这个角度出发，我们要埋头苦干，再加上不断改进自己的工作方法，最终才能成功，才能增强自己的融合力。

"吾尝终日不食，终夜不寝，以思，无益，不如学也"。两千多年前，孔子就已经告诉我们实干比空谈要有用得多。但在这个浮躁的社会、躁动的人群中，依然有无数人天真地以为可以靠天花乱坠的话和精美而虚无的包装走到最后。

其实无论是包装还是侃侃而谈，倘若体现不出效果，一切都只是浮云，没有丝毫意义。举个最简单的例子，在面试的时候，HR往往希望听到的不是你有多大的梦想、有多了不起的履历，而是你做成了什么项目、曾取得过什么成绩。用数字说话才能让人信服，这是这个时代的普遍特征，也是效果至上的一种集中体现。

那么如何实现效率的最大化，从而达成取得最优效果的目的呢？

首先要明确何谓效果。效果本质上就是一种投入产出比，是与效率呈正相关关系的。换言之，你做事效率高，相应得到的效果也就越好；反之，效率越低，得到的效果也就越差。不提高做事效率，那么效果为上也便无的放矢了。

在职场上，经常加班的员工未必就是好员工，而按时下班的人也未必不敬业。一个好的管理者不应该因为自己的员工将加班当作常态而沾沾自喜，而是要鼓励员工按时下班。因为按时下班有时候意味着在相同时间内员工完成了较多的工作量，这是一种效率高的体现。愚公移山固然值得尊敬，但利用高科技实现瞬间移山才应该是发展所追求的结果。

效果的重要衡量标准之一就是在单位时间内完成的工作量。在单位时间内完成更多的工作则是优化效果的必然手段。正如前文所说，愚公移山倘若是一项工作，那么只能证明愚公敬业，却不能证明愚公的效率高；但是通过高科技手段、辅助工具在一天之内完成移山则体现了科技对效率的提升作用。

效果通过提升效率来实现，效率则依靠素质改变来实现。现代科技与传统愚公移山的对比恰恰证明了这一点。回归现实生活，这样的例子也比比皆是。著名篮球运动员科比·布莱恩特清晨三点钟起床跑步，经常锻炼自己的力量，每天要完成1000个跳投……

拥有极高天赋的天才尚且如此努力，作为普通人倘若不努力提高自己的素质又怎么可能实现效果的提升呢。成功与付出从来都是成正比的。天才是1%的天赋加99%的汗水，这从来不是一句空谈。

效果提升不仅需要付出努力、珍惜时间、提高素质，更要建立完善的衡量标准。无规矩不成方圆，衡量任何事物都需要一定的标准和对比。因此学生才会有考试，公司才会有绩效，比赛才会有胜负，这都是衡量效果的举措。

"不奋发，则心日颓靡；不检束，则心日恣肆"，宋代理学大家朱熹如是说。自我检视也好，他人检视也罢，都证明了一个共同的道理：人生需要在不停的评估和检测中得到结果，也从中获知效果如何。

光说不练假把式。再美好的包装也不如实力重要，再吸引眼球的外在也不如内在的品质更有魅力。说得好听、外在好看不能当饭吃，只是短暂的吸引人的幻觉，最终都会被效果击败而烟消云散。效果为上，才能充盈生命的内核，指引人走向更加灿烂的人生。

三、放眼未来：放下

人人都有成功的梦想，都想在自己的事业上有所成就，为此，有些人不断总结自己之前的经验，准备努力向成功迈进；接下来再总结，再次行动……可是，没能看到效果。这就说明，做事业还有一个值得注意的问题，那就是不要总是把精力放在过去的事情上，老向后看是不对的，那样根本无法向前走。经验是要总结，但不能总是将眼光投向自己身后。既然想成功，想有所成就，那就必须将目光放在未来的目标。长远的目光加上百倍的努力，再加上融合力，将身边的朋友紧密团结起来，一起努力，肯定能出效果。当效果显现之后，自己的融合力将会提升，大家就会向更加远大、更加宏伟的目标前进。

人是要不断前进的，在前进过程中需要总结之前的经验教训，这对于今后的工作有好处，可以避免走弯路。不过，不断地进行总结，不断地将之前的历史翻出来进行剖析和论证，那就等于踏步不前。而且，不断地剖析之前的历史，还会殃及身边的朋友，因为谁都有犯错误的时候，老是"翻旧账"只能让这些人心寒之后远离自己，这就降低了自己的融合力，就会对以后的工作起到不利的作用。反之，如果将眼光投向未来的目标，不断引领身边的人为此献计献策，肯定能提高融合力，将会逐渐向成功靠近。

需要说明的是，放眼未来并不是对之前的经验不进行总结。总结经验是正确的，但是总结经验的目的是要更好地迈向未来。之前的历史该放下的就要放下，总结完了以后就应该将经验直接应用到后来的工作中，那才是目标。不要总是翻来覆去地总结，那样总结出的经验也会变调，就会让人感觉在向后走。

人在一心奔赴成功目标的途中，既要总结之前的经验教训，又要放眼未来的目标理想，二者是相互的。总结经验正是为放眼未来打基础，而最终还要放眼未来。

注重效果，将眼光和主要精力放在未来的目标和理想上是正确的。只有一心想成功的人才会把注意力放在未来，那样能够增强自己的融合力，能更好地将身边的人紧紧团结在自己周围，能够更大限度地向理想中的目标迈进。

四、计划指向：春花只为秋实

不管大事还是小事，人在做事之前都需要详细了解一下有关的情况，然后制订一项计划，接下来再开始行动。需要说明的是，有关这项计划的设计都是为了最终效果，而效果才是所有计划行动的最终目的，是努力行动的方向，是大家心目中的理想。

因此，行动到后来能否达到理想的效果，跟事前制订的计划有直接原因。正是这项计划，将大家融合到了一起，大家才围着一个目标开始行动。这就是这项计划的融合力，它事关全局，关系着整个团队行动的成败。这项计划的重要性就体现在最终的理想效果上。计划正确与否，计划的周密性以及在行动中各个环节的相互连接，都需要在计划中得到完美的体现。有了完美无缺的计划，基本上就等于成功了一半。

要想制定出理想的计划，事先需要了解有关的情况，只有在准确无误的信息下，再加上缜密的思考和研究，制定的计划才能详细而周密。当然，计划的制订必须以最终的理想目标为方向，这样的计划才有融合力，才能将大家团结起来一起向理想中的目标前进。在完善的计划的引领下，大家行动起来才能得心应手，理想的目标才能最终实现。相反，如果在制订计划时，事前没有详细地了解有关情况，大家也没有认真研究，理想的目标也没有在制订计划过程中得到完美的体现，非常草率地就将计划制订了出来。这样的计划是没有融合力的，大家也不会按照这项计划上的步骤去行动。因为大家心里清楚，按照这项计划努力行动不会实现心目中的理想效果。

春花只为秋实，这是自然规律，只有按照这样的规律去办事，才能实现理想的目标。人人都有梦想，都希望在有生之年亲眼看到梦想实现的那一天。所以，在有方向、有计划的指引下，人们才具有融合力，才会按照这项计划去努力。

如果开花仅仅是为了好看，而到了秋天之后没有果实，那么，开花将会失去方向。同样，没有目标的行动计划也会失去融合力。

五、道理各异：看法无法绝对统一

细想一下你会发现，其实大家在一起很少有或者几乎没有想法完全一样的时候，在意见不统一的情况下，大家最终只能认可其中的一个。其实，尽管认可了，大家心里也清楚，自己心里的想法原本不是那样的。之所以认可这个想法，是因为它比较接近自己的思想。

从哲学的角度来分析，尽管只有两个人时，想法和道理依然不会完全相同。因为世界上不存在两个人的信念、价值观和规条系统完全一样的情况，即便是双胞胎也有不同的想法，所以没有两个人的"道理"是完全一样的。

每个人都有自己的世界观、人生观和价值观，这些思想上的东西决定这个人的行动向哪个方向努力。没有不经过任何考虑就可以说出让大家都认可的想法的现象。各人的想法都不相同，只有经过详细的研究才能对大家的意图有所了解，进而说出让大家都会认可的道理。当大家的想法都不尽相同的时候，大家就会在所有的想法中寻找接近自己目标的那一个，而这个想法和道理就会具备融合力，大家最终才会认可，才会按照这个想法去努力，去工作。

因此，要想让自己的想法和道理具有融合力，得到大家的认可，那就必须考虑到大家的利益。在考虑问题时，不能只从个人角度出发，要考虑到"圈子"里所有人的想法，这样想法说出来才具有融合力，才会得到大家的认可。做到这一点，必须了解大家当前的情况，然后才能琢磨大家的真实想法。了解到这一层面，才能将大家都能认可的想法提出来。反之，固执己见，明明没有考虑到大家的因素，自己的想法和道理根本没有融合力，并且还要求大家必须按照自己的想法去行动，那结果可想而知，只能是人心背离。道理是由理性方面的标准来决定的，而理性方面的标准是各不相同的，只能从大家的理性出发才能提出具有融合力的想法。

只有大家都认可的想法和道理才具备融合力，而要想得到大家认可的想法必须符合大家的利益，让大家的世界观、人生观和价值观能接受。这种具备融合力的想法和道理才会形成一个核心，大家才会围绕这个核心去行动。因为大家心里都清楚，按照这项计划行动能够实现自己的目标。

六、笑到最后：未成功之前就不叫失败

人要在社会上生活，必须要与周围环境打交道，只是环境的"圈子"大小不同而已。相反，孤家寡人谁都不理会，只有一个人生活的现象是不存在的。因此，人和自己周围环境融合的实际效果就成为衡量其融合力的唯一标准。有些人总觉得自己的想法最正确，认为自己的想法有道理，总是以为周围人的想法都是错误的。这样一来，他就会与家人、同事、领导等不断地闹矛盾，就会感觉事事不顺心，做事的困难也会非常大，效果也不好。之所以会出现这样的情况，就是个人的融合力有问题。没完没了地怨天尤人，总是认为没人理解自己，从来不在自己身上找原因，其实根本就是他本人的问题，和别人没有关系。

遇到这种个人与环境融合效果不好的情况应该采取什么样的措施呢？那就需要分析问题的根源所在，找到症结，然后调整思路、态度，校正自己的言行。此时，作为个人必须要认识到，不是周围人都错了，而是个人的想法有了问题，这才是问题的根源所在。认识到这一点，下一步就要修正自己，完善自己，这样自己的融合力就得到了提高，做事才能感觉顺心如意，效果才能显现。必须清楚，效果是第一位的，而道理是第二位的。我们工作、生活、说话、做事中，有的人讲起道理来没完没了，好像只有他（她）自己有道理，可在做事、做人方面却是一塌糊涂。原因就是，他自己以为有道理的在别人看来或许根本就没有道理。做人做事需要追求效果，不要纠结于过程，只追求有道理但无效果的人生，很难有成功和快乐的体验。

做事效果有最终效果和阶段性效果两种，但最终效果才是做事的目标效果。比如某人中午想吃碗牛肉面，吃到了就是成功，这就是效果。尽管牛肉面馆不好找，但在没有找到之前就不能说找不到，慢慢想办法找就是了。在追求最终目标的过程中，不要被一大堆的分析判断、各种道理所纠缠，要清楚我们的目标是要追求效果，要以效果为准绳，道理太多没用，只需要看结果。在做事过程中，有些时候可能会出现问题在所难免，此时作为当事人一定要有主见，要坚持，不要随波逐流，不要人云亦云。我们必须要让大家明白，当前只是出了一点问题而已，我们并没有失败，而是尚未成功。要做到这一点，我们必须认真分析判断，绝对不可以固执己见。

做事，要看谁能笑到最后，那才是真正的成功，才是达到了其理想的目标效果，而阶段性的效果不可以代表最终效果。

七、不认死理：没有死理

人生需要坚持道理，首先要明白哪一个道理才是真理。如果把错误的道理认作真理，并且还要死死坚持，那就叫作认死理，就会减弱自己的融合力。长时间下去，周围人就会离你而去，原因就是此人难以沟通。比如找另一半时，某人就看中了某个明星，找对象一定要以这位明星为标准，周围人给他介绍很多人都得不到认可，他就是不领情。这样一来，他就降低了自己的融合力，再以后周围人就不会再给他（她）介绍对象了。

细想一下，上面事例中某人只不过是坚持一套别人不能理解的信念、价值观，并且还强硬坚持，结果导致自己的融合力降低。解铃还须系铃人，要解决问题，还必须寻找问题的根源，也就是让固执己见的人明白，世界上没有"死理"。正如上面案例中，一定要以某个明星为标准找对象吗？如果找不到这个标准的，难道一生就不找对象了？只有想通这个道理，自己的融合力才会提升，自己寻找对象的问题才能迎刃而解。否则，自己只能慢慢找下去。

人坚持真理是正确的，可前提必须要找到真理。正如前面案例中，某人找对象一定要以心目中的某个明星为标准，这难道是真理吗？找对象，只有找符合自己性格、能够和自己相处融洽、能够与自己和谐共度人生的人，这才是真理。处对象，双方要通过相处，慢慢感觉对方是不是适合自己，这样的道理才是正确的。死死坚持某个明星的标准，根本不管这样的标准是否适合自己，本身就是一个错误，只能降低自己的融合力、亲和力。这种情况下，自己追求的效果还能得到吗？心目中的理想目标还能实现吗？

因此，做人做事不要固执己见，要机动灵活，要明白世界上没有固定不变的道理，这样才能增强自己的融合力、亲和力，才能让周围人与自己一起面对问题，才能让大家齐心协力解决问题，效果才能达到，才能成功。做到这一点，人的思想要机动灵活的同时，还要具备丰富的知识，还需要对自己周围人的情况有所了解，这样才能对某件事做到全面的认知，才会提出让周围人都能认可的想法，才能做到不固执己见，从而达到自己想要的结果。

八、齐心共鸣：感性和理性同时发力

人的行动是在思想的支配下进行的，有什么样的思想就会出现什么样的行动，因此，真正推动一个人的力量往往是在感性的一边。外在的知识层面和对问题相关情况的了解，一同构成理性认知。人们在做事时都需要保持理性，不要冲动，其实就是这个意思。感性属于自我的一个思想反应，而理性需要对周围以及所有人有一定的认知，如果感性和理性能达到一致，接下来效果才会出现。因此，做事要想达到效果，就需要一个人理性和感性上的共鸣。单凭人的感性，很可能会冲动、盲动，而这么做只会降低自己的融合力。个人的感性只有得到理性的共鸣，才会达到思想判断与实际情况一致的现象，然后再去行动，融合力才会提升，理想的效果才会出现。

比如，某人想买一套真皮沙发，这样的想法就属于感性。如果单凭这种想法去行动，很可能就会出现冲动盲动，说不准就会上当受骗。因此，在有了买真皮沙发这样的感性想法之后，还需要通过理性去判断：本地有没有这种高档产品？什么样的价位才能是真皮沙发？真皮沙发如何鉴定？自己朋友圈里有了解这些问题的吗……做这件事之前，首先要对这些问题作详细的了解。当了解到真皮沙发的确凿消息时，这就等于感性和理性达到了一致。此刻，朋友们的建议已经得到了认可，人的融合力得到了提升。接下来就可以去行动了，真皮沙发买到手，心目中的理想效果出现了，达到了预期想象。

其实，做事的过程就是这样，当想法已经在脑海中形成，就表明感性认知已经表明了目标方向。接下来，需要对自己目标的有关情况加以详细的了解，这就属于理性认知。理性认知的层面、深度会直接影响到目标效果的成败，这也关系着融合力的提升或降低。

因此，做事之前要有充分的准备，只有在感性和理性一致时，才可以达到理想的效果。人的想法都是美好的，都希望自己的生活提高一步，这就需要在理性方面多做努力，提升自己的融合力，在朋友圈子里多加交流，悉心听从朋友们的合理建议。这样，不仅得到了朋友的信任，还可以为自己的理想目标做些努力。要知道，光凭自己的想象是达不到理想的目标的，只有通过各方面的努力才可以实现。

九、实效主义：效果不佳就易辙

人不需要跟自己玩虚假，真实的情况是什么样子的，完全可以原原本本给大家说清楚，没有隐瞒粉饰的必要。否则，不仅事情达不到自己理想的效果，还会降低自己的融合力。在做事过程中，有时会遇到各种各样的困难或者意想不到的因素，如果感觉到这件事情要失败，无论如何努力都不会达到预期目标，那就应该收回自己的想法，老老实实承认自己的错误。

出现这种情况，大多就是因为感性认知出现了错误，也就是在做事之前自己的想法背弃了理想信念和价值观的规条。尽管自己在理性认知方面也做了努力，朋友们也为自己这件事提出了合理化建议，但事情的发展出乎意料，这件事不可能出现理想的效果。这样一来，就应该诚恳地向自己、向朋友们加以检讨，承认自己考虑不周，虚心接受朋友们的批评。这样做，不仅可提升自己的融合力，还可以为今后做事打下良好的基础。

正如军事上打仗一样，由于指挥员在事前没有充分考虑就草率做出了决断，而参谋侦察人员通过各种手段对此情况作了比较详细的了解。可是，等战斗打响之后，意外的情况却随之而来，战场上的形势变得非常不利。如果坚持下去，不仅无法获胜，而且会让部队遭到极大的损失。此刻，指挥员就应该诚恳地向有关人员承认错误，果断下令撤退。这样可以让部队的损失减少到最低程度，还可以取得大家的谅解。通过检讨，指挥员不仅取得了大家的信任，提升了自己的融合力，还为下一次作战打下了坚实的基础。反之，假如指挥员明明知道战斗打下去要失败，还固执己见让部队继续作战，结果肯定会打败仗。这样一来，指挥员就会在部队里丧失威信，降低自己的融合力。

因此，做人做事需要讲究实效主义。随着事情的发展，如果感觉通过自己的努力能达到理想的效果，那就一心一意做下去，等效果出现时不仅达到了自己的目标，还提升了自己的融合力。可是，在事情发展过程中，如果发现效果不好，这样下去自己的努力会白费，不会出现心目中的理想目标，那就应该果断承认错误，然后"收兵回营"，还要及时总结其中的经验教训，为下次的成功打下坚实的基础。

十、信念先行：念力

人的思想决定行动，有什么样的思想才会出现什么样的行动。也就是说，感性认知决定理性认知，而理性认知要为感性认知服务。做某件事之前必须首先要有感性认知，也就是有了行动的目标，然后才可以为这个目标效果去努力，这就是信念的力量。有时候，做事是否有效果完全可以和理性认知并存，但这样的信念必须要得到大家的认可。只有在大家都认同、这样的信念能够代表自己心目中的理想效果时，事情的有效性才可以和理性感知一起发展。

人的信念在一定程度上就是其世界观、人生观和价值观的体现，可以代表人的思想。基督教《圣经》中的希伯来书第十一章第一节里有分享到："信就是所望之事的实底、是未见之事的确据。"事情还没有发生，就确定它就是事实。当这样的信念在人们心目中发展壮大到一定程度，人就会创造条件为实现这个信念去努力，这就是理想。当然，人的理想要崇高的话，那样的理想才会具有融合力；反之，有些人的理想损害了其他人的利益，那样的理想则会降低其融合力。

比如《西游记》中的唐僧，一心向佛，到西天取经的信念是为了普度众生，因此这样的信念具有巨大的融合力。正是在这样的信念下，孙悟空、猪八戒、沙僧才会一心一意跟着唐僧去努力，这也是信念的力量。在唐僧师徒四人的行动过程中，信念的融合力还吸引了无数神灵为他们献计献策。途中，他们历经了无数的艰难困苦，但他们依然没有动摇，最终取到了真经，达到了理想的效果，增强了信念的融合力。

如果唐僧的信念不坚定，那么他们师徒四人还能得到理想的效果吗？答案肯定是否定的。如果不是有着坚定的去西天取经的信念，孙悟空、猪八戒、沙僧也不会在神灵的指示下跟随唐僧一心一意、不畏艰险地向西走，唐僧也无法躲过金钱、地位、女色等各种各样的诱惑，最终，他们是绝对不会取到真经的。

因此，信念的力量是巨大的，但信念必须具备巨大的融合力。当这样的信念符合自己的思想时，大家才会坚定这个信念去行动，这就要求信念必须在一定程度上代表着大家的利益，这样的信念才具备巨大的融合力，人们才会以无比坚定的信心为这个信念去努力、去奋斗，最终大家都可以达到心中理想的效果。信念的融合力有多大，那信念的力量就会有多大。

第四章 主我律：三分假七分真

　　主我律讲的是融合的原则和指导思想。主我是相对于客我而言的。在社会人眼里的我是客我，真实的我是主我。人在社会上，不可能完全以真实示人，需要作一定的粉饰。社会是大舞台，个人是小角色。上台穿戏服，脱下戏服才是真我。在融合过程中，把握客我与主我的平衡。

一、选择摄取：不到万不得已就别违心

主我和客观世界有自己的契合点，主我与大千世界融合的时候有自己的选择性。每个人把在客观世界中接收的信息进行整合，整合的过程中要进行选择。换句话说，每个人都有自己感官塑造的一个世界。

在这种选择摄取过程中，我们会有意识或者无意识地运用自己的眼、耳、鼻、舌、四肢等感觉器官，把接触到的客观世界的信息资料摄取到大脑中。有人担心信息这么多，大脑会承受不了，其实大可不必担心，我们的感官在这时是主观能动的，更是有选择性的，它让那些不需要的资料一闪而过，不留多少痕迹。

选择摄取的特点，可以用一首古诗《山行》来进行诗情画意的表现："远上寒山石径斜，白云生处有人家。停车坐爱枫林晚，霜叶红于二月花。"这里的"主我"的感官在色彩上就选择摄取了这样一些信息：寒山、白云、霜叶。几个字就体现了主我的孤独、幽深而又渴望做隐士的情怀。信息摄取在这里体现了强大的选择性。

可是在实际生活中，很多信息是强制性的，只靠主我心甘情愿地摄取是远远不够的。

比如当大学新生入学后，经过几个月的集体生活，有的同学人际关系融洽，而有的同学人际关系不尽人意甚至影响到学习和生活。这就是主我和客我在平衡上出现了问题，你必须认真处理这个问题。

主我选择性太强的人，往往以自己为中心，考虑事情只从个人利益出发，对他人戒备心很强，甚至不友好；而客我选择性强的人则以他人为中心，太注意别人的喜怒哀乐。这种选择摄取的不平衡就会造成交际困难，难以融合到大众中。

那么怎样进行交际的选择摄取呢？

一是在选择摄取的过程中，注意找到主我与客我的平衡点，既要有自己，也要兼顾别人。

二是让摄取的信息相容。相容表现为信息的理解，感情的关怀和喜爱。

三是选择摄取要互利。有选择地多了解对方的价值观倾向，让信息共鸣。

四是选择摄取要从内心信任。只有相互信任才能使大家融合在一起，这是融合的基础。

这样一来，我们是不是就会迷失自己，答案是肯定的。当我们学会圆滑，学会唯唯诺诺，学会不分青红皂白，不辨是非，主我和客我已经严重分离的时候，我们不禁要说：不到万不得已，就别违心，保持一个真我，回归朴素自然，也许这就是你存在的意义。

二、信息编码：大脑就是仓库，要勤于整理

在通信科学理论中，编码是对原始信息符号按一定的数学规则所进行信息变换的过程。编码的目的是获得信息的有效储存、检索和使用。简单地说，就是给信息元素编上代码，以便和各种信息基本点建立对应关系，就如同到银行取号排队办业务。

对于主我来说，他的编码过程是这样的：感官摄取的信息资料经过我们理性和感性的过滤，比如经过我们已经形成的信念、价值观和固定经验规范系统的过滤，给获得的信息一个意义代码，然后储存在大脑中。

这时，由于我们编码基础是主观的，理念、原有系统的世界观、人生观、价值观和固定经验规范系统是我们主观已经形成的，所以，过滤出来的信息也带有主观性。

换句话来说就是，主我获得信息需要经过过滤和编码，这样才能储存在我们的大脑中。

那么问题来了，假如一个超市中，货物到处乱放，一点次序也没有，顾客来买商品的时候肯定找不到。因为这里的编码没有经过后期整理，是散乱的。人大脑中的编码也需要像摆放超市物品一样被整理。

孔子说的"学而不思则罔，思而不学则殆"就是这个道理。当我们只读书不思考就会越来越迷茫，这就是因为我们没有刻意地对获得的知识信息进行整理；当我们只思考而不获得新的知识信息，信息编码无从着手，当然就会止步不前。

怎样对大脑获得的信息进行有效的整理呢?

一要保证睡眠质量。我们都知道，电脑在待机时会进行自我维护整理。人类的大脑也是这样，当你睡眠的时候会做梦，或者稍感疲劳，这都是大脑自然整理的结果。所以保证充足的睡眠是整理大脑的最天然方法。

二是进行放松运动来整理大脑记忆。压力大、过度紧张会让记忆混乱，这时候你可以去参加一些爬山、打羽毛球、演奏乐器等方面的活动，给大脑整理创造一个好的环境。

三是有目的的归类。通常情况下，我们的意识会对获得的信息进行归类。比如生活类、知识类、人际关系类、衣食住行类。这些有目的的归类会使我们主观意识更有条理。

四是充分运用各种思维特长。有的人文科学得好，有的人理科学得好；有的人善于出主意、想办法，有的人擅长科研，这都是思维方式的不同造成的。主我只有找到自己的思维特长，才能让你的信息获取有主有次，有明有暗、有层次，让你的大脑信息整理有头有尾。

大脑的整理是主我自我融合的方式，适者生存，信息整理也一样。

三、主观塑造：想要一个怎样的我

通过主我对信息的选择摄取和信息整理，一个人完整的思想轮廓就形成了，这是一个主观塑造的过程。站在思维的台阶上，你是否会思考，你想要成为一个怎样的我呢？

我是谁，我从哪里来，要到哪里去？我的人生目的是什么？我是怎样的一个人？千百年来，我们都在这样不断地追问。在《西游记》中，唐僧有这样的一段说辞："我是东土大唐钦差往西天取经者，今到贵处，天色已晚，听得府上鼓钹之声，特来告借一宿，天明就行也。"

唐僧自我介绍中蕴含着这千古谜题的答案。我是谁——我是取经者；我从哪里来——东土大唐；要到哪里去——往西天；我的目的——取经。

那么，你想怎样塑造你自己呢？

一是性格的塑造。性格决定命运，主宰人生。你想拥有何种人生，就要塑造适合这种人生的性格。公务员需要沉稳，有心机；商人需要灵活、有智慧；艺术家需要细腻多愁善感；军人需要果断刚强。

二是特长的塑造。主我的塑造一定有个着力点，这就是特长。成功的人生往往都是通过个体特长来造就的，拥有自己最拿手的本领，是塑造个人职业的核心。

三是主观塑造需要系统的世界观、人生观和价值观。这是生活质量和职业地位的基础，眼界决定人生的高度。

四是主观塑造需要以品德为基础。不言而喻，人格的魅力无穷，构建良好的人格是个体塑造的软黄金。

五是信心和气质的塑造。永不言败、相信自己是一种胸怀和能力，我能行是外在精神的体现，是气质的体现。

六是朋友圈的塑造。近朱者赤，近墨者黑，对与自己气场不和的朋友敬而远之。对生活消极的朋友，他们会让你也消极起来；和快乐的、成功的人交朋友，你就会对生活充满热情，多一些成功的机会。

自我塑造，让自己成为人生的设计师，成为导演，更要做好人生这个舞台上的演员。

创造自我，就像创作一幅价值连城的图画，不要吝啬你的精工细笔，时刻把自己当作一幅正在创作的艺术品。无论你变化有多大，只要是有益的塑造，不也是一种进步吗？

四、建立认知：有你的一套体系

一花一世界，一叶一菩提。在这个世界上，你是独一无二的，就像世界上没有两片完全相同的叶子一样。你的世界里住着你自己，你有你的一套认知体系。

在心理学中，认知是个体通过形成概念、知觉、判断或想象等心理活动来获取知识的过程，简单地说就是个体思维进行信息处理的心理功能。

通常来说，当我们面对事物的时候，我们都会坚持在一个认知系统中去分析和判断。这种分析和判断就是形成人生观点和理念的过程。

如果把这种认知量变成具体的技术指标，我们不妨用数学式的坐标系来表示。

1. 我们可以建立人生的坐标系

横坐标可以表示生命的生理长度，纵坐标可以表示生命的高度。当横坐标在 1~10 岁，你的纵坐标认知标准也许是食物和父母的关爱；当你的横坐标在 11~18 岁，你的纵坐标认知标准也许是学习观、性的好奇和对世界的初步认识；当你 19~30 岁时也许是婚恋观、物质观、工作观，依次类推。我们的认知阶段是那样的清晰，可也许是碌碌无为的。

2. 我们可以建立思维的坐标系

当认知不同，思维角度不同，解决问题的考虑不同，我们会对一个事物有不同的看法。"横看成岭侧成峰，远近高低各不同"。不同的角度你会欣赏到不同的景色。在认知的过程中，我们只有跳出主客观的局限高瞻远瞩，才能真正看到事物本来的面目。要认清事物的本质，就必须从各个角度去观察，既要客观，又要全面。

3. 我们可以建立情感和理性的坐标系

人是感情动物，主我的情感是认知体系中最难预测的变数。在这个坐标上，第一是孝老爱亲之情；第二是爱情；第三是友情；第四是"路漫漫其修远兮，吾将上下而求索"的人生热情。在另一个坐标是理性。沉稳、冷静、分析、判断、演绎、归纳。

4. 我们可以建立知识的坐标系

一个是语文、数学、物理、化学的内化知识，另一个是能力。

其实，有了这些坐标系，你就会逐渐认识到你的世界竟然是一个圆。你是中心，所有的认知组成了圆周。

"会当凌绝顶，一览众山小"。站在风中冥想，你的世界定是五彩缤纷的。

五、什么是真：信就是真

哲学大师笛卡尔说："我思故我在"——我想，所以我是。笛卡尔的哲学起点是对知识认知的"普遍怀疑"。这句话的意思是：我无法否认自己的存在，因为当我否认、怀疑时，我就已经存在。

所以什么是真呢？真就是对事物客观存在怀疑后的认知，正因为认知所以相信，正因为相信所以是真实的。

信就是真，这是对事物和知识的一种认知过程，只要主我相信自己的认知是真的，那就是真的，信念坚定是真的一种表现。

孔子说："诗三百，一言以蔽之，思无邪。"孔子的理念记载于《论语》中，孔子在讲完"仁、义、礼、智、信"以后，对知识进行了一个总结——"思无邪"。孔子认为《诗经》三百多篇最本质的思想是思路清晰、纯正。

老子在《道德经》中说："道为先天混成之物。"老子认为，道是先于天地而存在的混成清气。老子也悟透了天地的本质。

释迦牟尼说，人的本性是"不生不灭、不垢不净、不增不减"，对事物的认知更是近了一层。

那么人群中的你，到底想追寻什么？一方面，我们追求内心的平静。在这钢筋水泥的城市里，我们渴望停下来，渴望休假，梦想着来一次说走就走的旅行，梦想和友人谈天说地。另一方面，我们渴望社会的进步，周围有现代化的设施，人们有良好的居住环境，我们有丰富的物质生活。

什么是真呢？

情景一：

一位颤颤巍巍戴着花镜的老奶奶会说："当我缝衣服的时候，一针一线都不能凑合，来不得半点虚假，这对我来说就是真！"

夕阳下，老奶奶的银发闪着金光，她的世界是那样的纯真。

情景二：

单位看门的老大爷说："什么是真？很简单嘛！不就是一把钥匙开一把锁嘛？假的钥匙开不了锁，就算能打开，那也不是原配的钥匙。人生就是真和假的结合，假作真时真亦假，真作假时假亦真。只要我相信他，他就是真的。"

老大爷一笑，缺了两颗门牙的笑容很清新。

情景三：

一个正在忙碌的售货员，他这样回答道："真嘛，我觉得真就是货真价实，童叟无欺。只要内心安定不亏心，这就是真！"

售货员忙碌的身影，越看越高大。

当主我与客我高度统一时，真就是信任，就是灵魂的净化。只要你相信内心的安稳，相信你的判断，这就是真。

六、内心世界：灵魂的圣洁家园

有一天，当我不小心触及了窗台上的含羞草时，它又像往常一样迅速地低下头，卷起了叶。可爱的含羞草啊！你的内心世界是如此的让人不可捉摸，让人不禁心生爱怜。

　　莎士比亚说过：一个人的成长，不仅是肌肉和体格的逐步增强，而且随着身体的发展，他的精神和心灵也要同时长大。

　　凡·高笔下的向日葵不正是他灵魂的体现吗？它像燃烧的烈焰，张扬而又那样惊艳，它像温暖的阳光和谐、优雅、细腻、静谧。它动感、旋转不停的笔触，浑厚宽广。这一切是那样的充满智慧和灵气，充满着原始的冲动和热情。

　　假如你读过三毛的作品，读过"我是没有选择地做了暂时的不死鸟，虽然我的翅膀断了，我的羽毛脱了，我已没有另一半可以比翼"的句子，你会明白不死鸟的悲哀。

　　我们的内心世界也是如此的斑斓与静谧。我们是自己灵魂的收割者，会把圣洁的灵魂潜藏在自己的心里。

　　在这纷杂的世界中，我们应该怎样对待自己？又应该怎样对待别人呢？

　　一是要学会尊重。尊重是一种修养、一种品格、一种礼貌，是一种平等待人的行为和态度。人和人之间相处，尊重是基石。

　　二是要找到主我和客我的平衡点。主我是真的，每个人都有个真我，都有不为人知的最隐秘的世界。客我是展示给大家看的。假如你总是虚假的，别人会疏远你；假如你没有戒心，过于真挚，你可能会处处受伤害。所以，要找到平衡点，比如七分真三分假，也许是一种比较好的方式。

　　三是要学会交流和理解。每个人都渴望被理解，智慧的交流就是理解的桥梁。学会给人保守秘密，学会给对方一个空间，这都是交流的要件。

　　四是学会倾听。你愿意做一个倾听者吗？学会倾听远比喋喋不休要强，谁都希望有个知己，学会倾听，你就会成为他人的知己。

　　五是做自己内心的主宰者。哈姆雷特问："活着，还是死去，这是个问题。"向左走还是向右走，你的人生需要自己掌舵。做自己内心的主宰者，守住圣洁的灵魂家园，这也许是最重要的事。

七、内外联动：改变由内而外

内因决定外因，从量变到质变，这是一个哲学命题。而凤凰涅槃是生命体心灵和躯体的重生。

传说在丹穴山上，有一对神鸟，雄性称为凤，雌性的称为凰。当它们年龄满 500 岁的时候，就收集香木而自焚，然后从灰烬中重生。从此以后，500 年内美丽异常，五彩斑斓，而不再死。

假如我们也能如凤凰涅槃一般浴火重生，你会让哪些化为灰烬呢？

你会长大，然后会变老，你会牙齿松动，皱纹满面；你会恐惧、害怕，怕失去爱情和亲人、权利和欲望；你会厌烦你的工作，疲倦不堪，无可奈何；你会忧郁，沉浸在无尽的黑暗里；你还会孤独，孤独的鞋子踏着孤独的柏油路却无处可去；你会变得迷茫，知识老化，能力丧失，直到终老。

是这样慢慢老去，还是浴火重生，假如你想选择后者，请跟我来：

第一，分析评估自己的特长、能力。从内因来看，很多人之所以不能成功，不是没有能力，而是阴差阳错地做了不擅长的事。假如你让朱元璋去放牛，他不是个好牛倌，可是他做皇帝倒是个好手。同样我们的特长是什么，你的能力有哪些，发挥特长才是成功的先决条件。

第二，改变自己的性格弱点。性格影响个人形象和决策。心胸狭窄的人眼光自然不会远大，脾气暴躁的人失误肯定颇多。找准性格弱点，然后改变它，这是人生坦途的开始。

第三，转变人生理念。心有多大，世界就有多大，理念决定了人生的高度。马云的成功就是一个很好的例子。故步自封，沉迷于旧的事物和理念，不可避免地会被社会拉得很远，试想，刻舟求剑，不善于改变和学习，怎么会得到你想要的东西？

第四，敢于尝试新鲜事物。内心的改变体现在你的行动上，这就要求我们敢于尝试新事物。以前你不是想环游世界吗？那就整理行装立即出发。以前你不是想做一个小发明吗？那就准备动起手来，说不定成功了呢！改变从心开始，而以行动延续。

第五，专心致志地做一件事。很多人之所以普通，不是因为他没有才能，而是因为他做事不专一，朝三暮四，就像狗熊摘棒子，一边摘一边丢，始终没有亮点。学会专一，成功就是一张纸，轻轻一触就会捅开。

第六，找到几位好朋友。你必须有几个好朋友，他们可以指导你的思想理念，可以给你必要的帮助。人的本质是社会关系的总和。提升自身素质，朋友圈很重要。

内外联动，让你的改变从内到外，如凤凰涅槃，浴火重生。让主我变得强大起来。

八、生活地图：活成啥样谁说了算

最近有一部热播的电视剧《我爱男保姆》，男主角方原是个暖男，为了女儿做了五年的家庭煮夫，后来还是被贪图享受、冷酷强势的老婆嫌弃而离婚。可是妻子却把女儿带到美国，方原为了赚够要回女儿的钱，踏上了去大城市闯荡的征程，做起了全能男保姆的工作。他应客户的要求洗衣、洗碗、擦地、擦窗，修房、剪草、修家电，代驾、送花、送货、送口信。遇上陆晴这样的客户，丢彩票，赚不到钱；遇上高雅文这样的客户，方原要给人家孩子当爹；遇上马舒儿这样的客户，方原除了干活还得担任心理治疗师、职业规划师。

方原的人生看起来简直是一塌糊涂。他的生活谁说了算？他为谁而活。没离婚之前为的是他的妻子和女儿，离婚后是为他的女儿，做男保姆的过程中是他的客户，这个过程唯独没有他自己。

直到遇到一个同乡兼校友的老教授，他的生活才有了新起点。直到女儿归来，他才有了自己的生活；直到和陆晴爱情修成正果他才回归了自己。

一半是火焰，一半是海水。先是完全为了妻子和孩子，迷失了自己；后是为了事业、友情和爱情找回了自己。

在我们的生活地图上，到底是谁说了算？到底是谁来规划？

解决了下面的问题，答案自现。

你为谁而活？在人类社会中，我们的活动具有交叉性，不可能只为他人，也不可能只为自己。为自己和家人被称为个人价值；为他人和社会是社会价值。两者相辅相成，你为自己活着，也为他人而活，主客体需要统一。

你想做一个怎样的人？许三多说："好好活就是做有意义的事，做有意义的事就是好好活。"你是甘于平凡，还是想轰轰烈烈地活着。有了这个目标，你的生活地图你说了算。

你生活追寻的目标是什么？工人的目标是劳模，军人的目标是保家卫国，公务员的目标是为人民服务。你的目标是安逸，还是权力？是家庭还是社会？只要你有目标就是前进的开始。

你有自己的生活规划吗？当你看中国地图、世界地图、省市地图的时候，你会准确地找到目的地。如果把你的生活用一张地图来表示，你的规划是怎样的呢？

静下心来——冥想。

你知道你自己到底想要什么。

九、心脑基础：经验结构模式

经验是客观事物在人们头脑中的反映，是认识的开端。经验是发现和揭示真理的理性基础。人类几乎所有的重复性劳动都是以经验为基础的。比如，科学实验的步骤是这样的：

第一：提出问题。确定目标，弄清要探究什么。

第二：猜想与假设。根据生活经验对提出的问题进行假设和猜想，充分发挥想象力。

第三：制订计划与设计实验。这个环节是关键，具体的内容根据实验来定。

第四：进行实验与收集数据，操作规范非常重要。

第五：分析与论证。通过对探究的数据进行记录，对探究的现象进行归纳总结，从而将实验结论和物理概念或规律相印证。

第六：评估。评估实验的成败和出现的问题。

第七：交流与合作。

例子虽然较长，可是能充分说明经验的作用。但经验有待于深化，有待上升到理论。在日常生活中，亦指对感性经验所进行的概括总结，或指直接接触客观事物的过程。

当牛顿坐在姐姐的花园里，看到两个苹果落地的时候，他得出了"苹果落地、雨滴降落和行星沿着轨道围绕太阳运行都是重力作用的结果"的结论，由此发现了万有引力定律。

而我们更需要创新，改变主观经验在头脑中的结构模式，这样事情对我们的影响便会改变，我们对事情的感觉也会改变。

有这样一个心理学实验：一位心理学家请了一个模特，然后分别告诉两个学生模特不同的身份。他对第一个学生说："这是个罪犯，请你用语言把他描绘出来。"他又对另一个学生说："这是个亿万富翁，请你用语言把他描绘一下。"

由于这样的界定，两个学生对模特的描写截然不同。第一个学生写道：这是一个令人讨厌的家伙，他鹰钩鼻子，薄嘴唇，目露凶光，内心充满着邪恶；而另一个学生写道：这是一个伟大的人，他的嘴角露出坚毅的神态，他希腊式的鼻子让他显得英俊，他宽阔的额头充满智慧。

当你的主观经验发生了改变，结论竟然如此的悬殊。

一千个读者，就有一千个哈姆雷特。我们各不相同，都有着自己独特的生活阅历和生命体验。当我们面对形形色色的事物，我们要学会欣赏和改变。欣赏好的，改变自己的缺点。在旧与新的交替中融入我们的身心。

十、自我修善：物随心变

佛教禅宗有一个公案：六祖慧能开始弘法的时候，首先来到广州法性寺，当他到来的时候，正遇到印宗法师在讲解《涅槃经》。

这时，一阵风吹来，吹动了院中的旗幡，一个僧人说道："这是风在动。"另一个僧人说道："这是旗幡在动。"二人争论不休。这时候六祖慧能说道："既不是风动，也不是旗幡动，是诸位的仁心在动。"

"菩提本无树，明镜亦非台。本来无一物，何处惹尘埃。"审视自己的内心，一切安好，心宁静，一切宁静。

我们无须改变外面的世界，只要改变你自己的内心世界，你的人生就会改变。

人生有四种境界：一是追求衣食住行，那是人的原始阶段；二是追求职业、仕途、名誉、地位；三是探索文化、艺术、哲学；四是走进宗教。只有进入第四种境界，人生才闪出亮点。

一要学会舍得。熙熙攘攘皆为利来，衣食住行、权利名欲，我们都想得到，可是有些东西就像流沙，你越想抓住，就流失得越快。当蜗牛背着重重的壳在爬行的时候，我们经常会嘲笑它们，其实，名利欲望不一样是我们的壳吗？学会舍得，你会快乐、会轻松、会改变。

二要学会放下。很多人读过歌德写的《少年维特之烦恼》，主人翁维特陷入和夏绿蒂的感情纠葛不能自拔，最后用夏绿蒂亲手递过来的手枪自杀了，留下了千古遗恨。既然能拿得起，为何放不下？我们就是尘世中的一粒沙子，渺小而又脆弱，珍惜应该珍惜的，学会放下不必要的情感或得不到的东西，这样你就会发现自己进入了一个新的天地。

三要学会宽容。你的心就是世界，世界再大，你的心也能放得下。山之所以高正因为它内心强大，水之所以深正因为它内心深广。宽容别人，就会收获宽容；给别人机会，就会得到更多的机会。

四要学会无所住而生其心。假如时光永远定格在一处，世界就无法发展；假如你只会因逝去的时光痛哭，你的生活就不会有进步。不执着，不后悔，"天行健，君子以自强不息"，只有积极地前进，才会找到自己。

五要学会追求。周恩来总理的追求是人民生活幸福，爱因斯坦的追求是科学真理，而我们追求的是普通的幸福，心幸福——你就幸福。既然如此，又有何求。

十一、郁闷之源：压力来自对外界的消极反应

有这样一个故事，有位老太太有两个儿子，两个儿子都做生意。大儿子做的是卖伞的生意，二儿子做的是凉席生意。老太太每天心情都不好。有人问她："你怎么不高兴，你担心什么？"老太太回答："晴天的时候，人们都不用雨伞，我大儿子的生意不好，可是雨天的时候，人们又不买凉席，二儿子生意不好，所以我每天都为他们担心啊！"

别人听了就劝她道："老太太其实你应该高兴啊，你想一想，下雨的时候你大儿子赚钱多，晴天的时候你二儿子赚钱多，这样不就高兴了吗？"

老太太听后换了个思考的方式，当人们再看到她的时候，每天她都乐呵呵的。

情绪 ABC 理论是由美国心理学家埃利斯创建的，就是认为激发事件 A（Activating Event）只是引发情绪和行为后果 C（Consequence）的间接原因，而引起后果 C 的直接原因则是个体对激发事件 A 的认知和评价而产生的信念 B（Belief），即人的消极情绪和行为障碍结果（C）不是由于某一激发事件（A）直接引发的，而是由于经受这一事件的个体对它不正确的认知和评价所产生的错误信念（B）所引起。错误信念也称为非理性信念。

如下图中，A（Antecedent）指事情的前因，C（Consequence）指事情的后果，有前因必有后果，但是有同样的前因 A，却产生了不一样的后果 C1 和 C2。这是因为从前因到后果之间，一定会经过一座桥梁 B（Bridge），这座桥

梁就是信念和我们对情境的评价与解释。又因为，同一情境之下（A），不同的人的理念以及评价与解释不同（B1 和 B2），所以会得到不同结果（C1 和 C2）。因此，事情发生的一切根源缘于我们的信念（信念是指人们对事件的想法、解释和评价等）。

情绪 ABC 理论的创始者埃利斯认为，正是由于我们常有的一些不合理的信念才使我们产生情绪困扰；如果这些不合理的信念存在，久而久之，甚至会引起情绪障碍。情绪 ABC 理论中：A 表示诱发性事件；B 表示个体针对此诱发性事件产生的一些信念，即对这件事的一些看法、解释；C 表示自己产生的情绪和行为的结果。

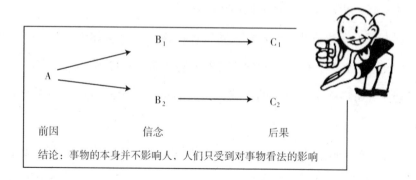

如果改变了看待事物的角度，你得到的就是不同的心境，你从美好的角度出发，你得到的信息也是美好的。事物本身从来都不会给我们压力，压力来自我们对事物消极的反应，轻松源自我们对事物的积极态度。

对于乐观派来说，即使事物再艰难，一样能从中找出值得高兴的地方。

在长征时期，毛泽东和红军爬过雪山后，这样写道："更喜岷山千里雪，三军过后尽开颜。"面对恶劣的环境，极度的劳累之下，毛泽东依然是乐观的，因为他心中有战胜敌人的信念和热情。

对于悲观主义者来说，一点小事也会引起他的忧郁之情，黛玉葬花就是一个例子。看着缤纷的落花，林黛玉想到自己的身世和经历，把自己当成了花，把葬花当成了心的埋葬，结果忧郁而死。

有一个"吸引力定律"，意思是说将要发生的事和你希望或者担心的一样。我们都有这样的经验，当你制定了目标认为一年能赚100万，结果通过努力你就实现了；可是当你认为自己很穷，没有钱，结果你会越来越穷。其根本原因就是你的想法和事物之间存在吸引力，就像磁铁的正负极，存在必然的联系。

多想好事，这样你就会快乐。

十二、内在归因：因为态度不对

著名的科学家霍金是个渐冻人，只有几个手指能够活动，这位巨人虽然身体不能行动，思考却从未停止。他薄薄的著作《时间简史》风靡全世界，把宇宙科学向前推进了一大步。

谁能知道他内心在想什么呢？除了他自己。

刚出生的小孩子握拳总是很紧，这是因为他心无杂念，他的心纯洁无瑕。态度决定一切，内心强大就会成为心的巨人。

人的生存和生活有两种方式：第一种是内化，内化就把前人的成果变成自己的。比如劳动成果、文明成果，通过占有再进行自我升华。内化使我们能延续自己、深化自己、改变自己，让自己更有力量。第二种方式是外化，人们通过实践的方式运用自己的力量体现自己的价值。

内化和外化的桥梁就是态度，就是我们的信念、价值观念和规范系统。

有个苹果树的故事可以给我们启迪。有一棵苹果树，经过风吹雨打、阳光雨露结出了甘美的苹果。第一年结了 100 个苹果，苹果树很骄傲，以为主人会表扬它，可是主人只是摘走了苹果并没有说一句赞扬的话，苹果树很失落。

第二年苹果树结了 90 个苹果，因为苹果树不高兴了。这时候主人说道："怎么比去年少啊，真不给力。"苹果树听了有些生气。

第三年，苹果树结了 50 个苹果，第四年干脆不结果了。于是主人就把它砍掉了，在收拾树枝的时候主人喃喃地说："真奇怪，苹果树怎么不结果了呢？"

苹果树的态度决定了它的生存，我们应该有怎样的人生态度呢？

第一，坚持纯洁和正义。只要你有一颗正直善良的心，你对人生的态度自然就是积极的。

第二，眼光长远。不要只看眼前的一点事，眼光放长远，你的世界会很大。

第三，保持一颗上进的心。不要学苹果树，无论外界怎样评价，只要你是金子总会发光的。情绪也从来不是来自某人的言行，或者环境的转变，而是来自我们对它们的态度。

第五章　情景律：演好每一场戏

生活中会遇到各种各样的场景，人的一生就是由无数画面组成的。犹如戏剧和电影，由若干场景串成一个故事。与人和环境融合，最后都要具体到一个个场景上。能不能融合到场景中，效果如何，是个大问题。

一、交流本质：为了得到想要的回应

交流的本质是为了得到想要的回应，也就是说，我们用语言或其他途径向对方传输我们的心理影像，而接受的一方在他的头脑中通过对所接收信息的理解，再还原我们的心理影像。简单概括就是，通过交流让别人接受我们的观点和看法。从社会学角度来说，交流是人存在的方式，是人的社会属性的一个重要组成部分，人需要与他人交流——信息的交流、思想的交流、情感的释放等。

无论是何种形式、何种情况下的交流，它的目的都是想要带来一些改变。假如沟通改变不了任何东西，那要么是没有交流，要么交流的双方没有差别，而什么也不做就清楚对方意图的情况实在少之又少。因此，古今中外，交流一直伴随着人类前进的步伐。通过沟通，人们彼此交换着不同的意见，在此基础上，让自己的个人经验得到丰富，从而能解决一些复杂的问题，同时验证一些自己的疑问，和共同交流的人达到互相理解。与此相反的一类人——他们害怕改变，因此拒绝与人交流。交流意味着改变，这种改变让一些故步自封、不思进取的人害怕，他们蜷缩在自己的小世界里，断绝了与外界的交流。他们拒绝交流的同时，也关上了一扇通向多彩世界的大门。

交流能带来改变，但不是所有的交流都能起到很好的效果。像下面这几种情况：

第一类：表达者的概念准确、思维缜密、表达得体，接受者在脑海里很好地还原了表达者的意图，这样的沟通就成功了。

第二类：表达者的概念模糊、主体不明，这让接受者糊里糊涂，只了解了一些粗枝大叶，这样的沟通就不是很成功，有待改善。

第三类：表达者完全没有什么概念，东拉西扯一大堆，接受者的头脑里一团乱麻，压根不知道对方要表达什么内容，这样的沟通就是失败的。

除了第一种情况以外，其他的两种情况都不能达到交流的最终目的。要想让交流有很好的质量，对于交流的双方，都有需要注意的方面，你所交流的内容既要着眼于传达者，也要着眼于接受者。对传达者来说，要清楚交流的目的和接受者对你的话题可能会有的反应；对接收者来说，要学会如何倾听，不仅要明白接收信息的内容，还能体会传达者所表达出来的感情和内涵。

交流的本质是通过我们不断的交流来体现的，有这样一句话"交流就是把自己正向与负向的想法，通过有效的语言或肢体表达，让与此事件相关的其他人能够理解你的想法并做出相应的调整"。好的交流是一个双赢的游戏，在这个游戏里，怎样为自己和他人争取到双方都满意的效果，才是交流的重点。

二、沟通回路：确认信息抵达

有位禅宗曾经说过这样一个问题："如果林中树倒时没有人听见，会有声音吗？"得到的回答是："没有。"树倒了，肯定会发出一定的声响，但是除非有人能感知了，否则就是没有声音。这种说法有点唯心，可细想不无道理。假如在沟通中，接受的一方并未领会传达者的意图，任你长篇大论，我自充耳不闻，这就表明沟通是否起到作用不是传达者决定得了的。那么怎样才能让沟通得到回馈呢？

第一，沟通要让被接受者感知。

沟通是在有接受者时才能进行的，也就是说，沟通至少需要两个人才能进行。与别人交流时要关注接受者的理解程度，两个人的交流与多个人的交流又有所不同，当接受者是一个人，我们只需关注这个人的感受就可以了；而当接受者是多人时，就要照顾到大部分人的感受。如果一个律师与一个半文盲交谈，他必须用对方熟悉的语言，如果他一味用自己的专业术语，结果可想而知。如果他与他的助手交流，一个字、一个手势就可以了；当一个人面对很多人做演讲时，这又是一个更复杂的交流形式，他需要掌握更多的技巧，才能让沟通顺畅进行。有句名言说"人无法只靠一句话来沟通，总是要靠整个人来沟通"。因此说，无论用什么样的方式方法，沟通首先要注意的就是，这一信息是否在接受者的接受能力范围以内。

第二，沟通都会附加上一些要求。

一个人很少会进行不必要的交流。沟通大都带着某种意图，比如说发布命令、指导工作和宴请某人等。假如沟通内容符合接受者的渴望与意图的话，它就会很有说服力，也容易被人接受和理解；如果沟通内容和接受人的渴望、目的不符，可能很难被人接受，最坏的结果是受到接受者的抵抗。比如有这样的宣传口号："今天工作不努力，明天努力找工作"，不仅提高不了效率，反而招来员工的反感。

第三，沟通时注意态度和措辞。

在和别人沟通时，方式方法也很重要。在表达观点时，我们多用第一人称，少用第二人称；多说过程，表达感受，不要反复强调，乱评价；要少强调情感，多明确意图；不要谈论与话题无关的东西，态度要诚恳认真。

第四，沟通前要做一些必要的准备工作。

要做到有效的沟通，事先要有所准备，比如谈论话题的突破口、话题的中心、接受者的基本情况，还有在交流过程中可能出现的意外情况等，做到有备无患。未雨绸缪是沟通顺利进行的有力保证。

只有沟通得到了回应，才能达到沟通的目的，善于沟通，就能让双方互利互惠，实现共赢。

三、如何回应：交往回波检验

我们与他人沟通时，对自己需求的关注远远多于听者；相反，听者也是同样的。每个人都不希望被对方拒绝，因此，在与人谈话时，要始终照顾到听者的反应。

在说一句简简单单的话时，场所不同、环境不同、气氛不同、人物不同，所产生的效果就会不同。有这么一个故事：一个人请客，时间到了，很多人还没到，他就着急地说："怎么该来的不来？"结果一些人听了以为他们是不该来的，就离开了，这人急了说："不该走的怎么走了？"余下的人听了想，走了的是不该走的，那我们没走的应该是要走的，于是也走了。这个故事形象地告诉我们，想让听者了解我们的真实意图，并不是一件简单的事。

首先，对于说话人来说，你说出的每句话，只想达到一个目的。可如果站在听者的角度，他需要在他的脑海里对接收的信息进行分析，这种分析一般又有多种可能，哪个才是你的本意？这要求听者判断和理解，需要他有文化、智慧等方面的能力。生活中，曲解别人语义的事情非常多，这是客观事实，我们要对这个常常造成矛盾的罪魁祸首——曲解人意，给予高度重视。这就是我们常说的"说者无心，听者有意"。事实上，说话人话语中并无弦外之音，而在听者的心里，就完全成了另一个意思。我说我的话，你听你的音，同样的话却理解出不同的味道。

其次，听者要努力地体会你听到词语的含义，不要只靠只言片语，就急于下结论，带来毫无根据的争吵和矛盾。同时，要从说话人的角度去思考问题，尽量往好的方面去理解，通常没有自信和小肚鸡肠的人才喜欢歪曲别人的意思。因此，我们做人要大度、自信。同时，也不要听从小人的挑拨，造成误解，必要时，可以和说话的人多沟通几句，准确理解别人意图，也许误解就没有了。

最后，我们认识到出现误解后，要避免误解造成的伤害，要求说者一定把话说明白，不要点到为止。同时我们讲话时也要根据时间、人物、具体事件、场所做相应调整。这是我们在和他人沟通时要注意的。世间万象，人心万种，我们说话时不要只顾自己一吐为快，而忽略了听的人的感受。"少说话，多办事"，尽管不够全面，可不无道理。

人与人的沟通，需要双方都要有主动性。说者要"有心"，用心体会，用心甄别，"敏于言，讷于行"；听者要"无意"，原谅别人言行的一点小瑕疵，这样我们生活里就会多一些笑容，少一些烦恼。

四、多维表达：调试沟通频道

我们进行沟通都是为了得到好的效果，我们需要的是有效沟通，即以听、说、读、写作为载体，通过对话、演讲、讨论等方式把观点精确地表达出来，促使对方接受。因此我们需要掌握沟通方式、技巧之类的东西，来达到我们的目的。

那么，我们有必要先了解一下什么是沟通。

沟通包括：沟通的内容，也就是文字；沟通的语调语速，指声音；沟通时的行为姿态，指肢体语言。它们各占的比例为 7%、38%、55%。从心理学方面解释，沟通包括意识和潜意识层面，其中意识仅占 1%，潜意识占 99%。懂得了这些内容，我们在沟通时才能分清主次，合理调配，提高沟通效率。同时，我们也知道，好的沟通一定在潜意识层面，它是有感情的，真诚的沟通。

沟通在我们的生活中无处不在，沟通不是客观性的东西，它带着感情，因此我们需要投入感情，才能让我们的沟通顺畅。沟通有大有小，既简单又复杂。面对种类多、情况不一的沟通，我们要如何应对呢？

第一类：简单的沟通。这类沟通比较常见，沟通双方都很随意，都是一些小问题。比如家人在早起时的一句问候，课堂上老师对一个回答问题学生的评判。这类沟通贯穿于我们的生活，不需要考虑太多。

第二类：带有探讨性质的沟通。比如我们在购买东西时，与售货员之间的交流；和朋友一起就一本书、一部电影谈到的心得体会。这类沟通对对方的要求也相应地增加了，你需要动脑去思考，我们为了与对方达到理想的沟通效果，对语言、语气、用词等都要兼顾。

第三类：希望对方接受自己观点的沟通。这类沟通就是比较复杂的沟通。比如演讲及与公司之间为了某种商业利益进行的谈判。这些复杂的沟通，对各方面的要求也变得复杂起来。作为一个演讲者，他要在演讲开始之前有所准备，包括他的演讲内容、听众的基本情况以及演讲场地的布置，这通常不是一个人能完成的，往往需要很多人加入；作为两个即将进行谈判的公司，他们将要进行的沟通不亚于一次部署严密的战争，有句话说"商场如战场"，谈判不仅需要有专门的公关团队，还需要各种信息的综合，以及运用各种高科技手段彰显自己的实力，实在是一场不见硝烟的战争。

我们离不开沟通，我们更需要有效的沟通。当我们的沟通不顺畅时，我们可以另辟蹊径，中国有"柳暗花明又一村"的说法；外国有"条条大路通罗马"的谚语，合理调配各方面的因素，采取积极主动的态度，我们总会等到柳暗花明时，总会找到通往对方内心的路。

五、体态意味：微表情，小动作

语言在人们交往中的重要作用是众所周知的，可在沟通时只使用语言是远远不够的，我们大都喜欢用肢体的动作来表达心意，肢体语言的使用令沟通变得深刻含蓄又多姿多彩。在一些情况下，来自肢体的语言比来自文字的更有力。

第一，我们要说到眼睛。

眼睛是心灵的窗户，我们在生活中，假如心里有什么情感和渴望，很快就在眼神里显现。真正的眼神交流是引起别人注意的最直接方式。眼神交流在人们的沟通中有着语言与手势不能替代的作用。交流中注视对方进行对话，略带笑意，目光真诚，张弛有度，这是最有效的沟通方法。

第二，我们要说到笑容。

笑是世界上最美丽的语言，人所有复杂的心理活动都易于出现在脸上，微笑是很平常的面部表情。在沟通中，微笑是不可或缺的润滑剂，它让得到者心情愉悦，且付出者也不会有所损失。它的出现仅仅是一瞬间，可留下的真诚印象却是永恒的。微笑是一种亲切的语言，它润物无声；微笑是一缕阳光，可以穿透心底的阴霾；微笑是一座桥梁，那头是朋友，更是成功。

第三，我们要说到手势。

手势被称为人的另一张脸，手势是一种肢体语言，手势语在沟通时几乎无处不在。一个人或许可以很好地控制他的语言，脸上也一片平静，可一些不经意的手势也许会把他心里的秘密暴露无遗。手势传达的信息在沟通双方身上都有体现，因此沟通的双方都要注意自己的动作：不要紧握双手，不要摆弄手指，不要玩弄钥匙等，这些是缺乏自信、太过拘谨的表现，要正襟危坐，将手随意地放在大腿处，显得轻松、随意。

说完了肢体语言在沟通时的重要作用，我们还要谈一下使用这些特殊语言时要注意的一些情况。首先，我们在与对方眼神交流时，要与对方的目光接触，人们的喜怒哀乐都可以在目光中传达。在眼神交汇时，会产生意想不到的效果。其次，面部表情要随意自然。切忌木讷、面如止水。在对方讲话时，要以恰当的表情回应。再次，在用手势时，不能用食指给人示人示物，那样让人感觉你太随意，不尊重人；要采用整只手掌心向上，表示请的方式，让人有被尊重的感觉。最后，在和人沟通时，动作不要太琐碎和重复，适当的动作有助于语言的表达。站立和坐下，都要有挺拔的感觉，全身放松，让人感觉到信心十足、很有朝气。一举一动都轻盈自然，这会让你的仪态显得大方、优雅。

与人交流，是人类最基本的技能，与人的日常生活息息相关。要想建立良好的人际关系，就需要我们重视自己的行为，从一言一行开始，良好的行为才能带来良好的效果，这样才能让我们的沟通得到最好的回报。

六、潜在声音：心帘后面不要有异响

潜意识蕴含的内容要比意识层面的东西多很多，虽然人们大都感受不到或者不能很直观地了解，它无法说得清道得明，却无时无刻不对人的行为有着很大的影响。

人的意识层面的东西，能通过文字、语言、肢体语言等来表达。潜意识由无意识的动作、笔误、口误和做梦等来显现。如果一个人想做到交流的有效和通畅，只有在他的意识和潜意识得到比较好的表达后才能实现。如果一个人自己都是糊里糊涂的，那么他如何与他人进行沟通呢？因此，心理表达健康是良好的人际交流的前提。

首先，如果想做得好，我们要承认意识层面和潜意识层面是有差别的，例如，我们的意识里有各种各样的道德、条款、制度的制约。在潜意识里更多的是本能和最关注的东西，我们或许不明白，或许只是不愿说出来。根据弗洛伊德的理论，"本我"指潜意识层面，原则是满足自我、追求享乐、逃避苦难。"自我"指意识层面，人为了适应环境，要顾及各种限制，要换位思考，自我控制。"超我"则更多地指道德、规则和利他、集体主义等。这三种不同的人格，每个人的身上都有，而这三种层次人格的协调发展，需要潜意识和意识之间的良性沟通。

其次，我们要认识到，要提高沟通质量，必须同时提高意识与潜意识的沟通质量。这是一场持久战，我们要先认识到它的重要性，然后去认真查找问题在哪里，继而以自己的力量去解决、调整、改善。这些东西贯穿着心理成长的过程，也体现在提高沟通质量的过程中。正如我们现在的教育方式，我们往往要求孩子只读书，其他一切家长全包了，整天不理会人情世故，只埋头于书本，阻碍了孩子的健康成长，隔断了他与外界的正常互动，心理上的毛病自然会不期而至。少年时内心不强大，长大后的创造性也就明显不足。

最后，如果一个人的潜意识里积攒了太多的负面情绪，要及时疏导，找到一个发泄的突破口。当一个人长期处于情绪低落的状态时，就要引起注意了，由于心理防御的堡垒还不够坚固，导致意识与潜意识交流不通畅，这些东西很容易让人身心疲惫，日积月累容易如江河决堤，瞬间击垮一个人的身体和意志。

要想取得良好的沟通效果，我们在日常生活中要重视自我完善与心理的健康，管理好你的情绪，就能保持正常的交流，提高精神生活的质量。

七、反应差异：因时因事因人

在工作和生活中，我们总会碰到不同的人，遇到各种各样的事情，正所谓人有千百样，事有万千种，因此我们在和人交往的过程中，要学会变通，要因时、因地、因人做出相应的改变，这样我们在交流时才不会遭遇尴尬，甚至失败。

第一，在工作时。

（1）工作中我们接触到上司时，要首先给对方应有的尊重，他首先是领导，其次他肯定有值得我们学习的地方，我们与领导交流要有礼有节，要想得到他的肯定，就需要有足够可以说服对方的理由。

（2）和同事接触时。和同事接触要多理解并且谨慎地附和。与同事有矛盾时，要学会换位思考，不要带有情绪地诋毁别人；支持同事要理性，不要盲从，否则有拉帮派的苗头。

（3）在面对下属时。对待自己的下属，要多听他们的意见。在工作中，你们只有职位的不同，人格是平等的。帮助下属也是帮助自己，他们心情好了，办事效率就能大大提高。

（4）在对手面前时。在面对对手时，我们要有豁达的心胸，任何人都有闪光的一面。当你超越他时，不要轻视他，别人也在努力；在被人超越时，不要心存芥蒂，给人找麻烦，相信你也会有出彩的一天。有时候微微一笑，显得你大度又宽容，说不定对手也在默默为你点赞呢！

第二，对待朋友时。

我们要善于交际，经常联络。有句话说"朋友多了路好走"。在现在竞争日益激烈的社会里，我们的生存环境也不安全了，铁饭碗没有了，我们不会一成不变地生活，朋友多就多了很多路子。所以有空的时候给朋友打个电话、发个邮件，哪怕是一句简单的话，也会让人心里暖暖的，有时这远比请吃一顿大餐更让人感动。

第三，对待家人时。

对待家人时我们需要的是爱和宽容。家是我们的避风港，血浓于水的亲情让我们在外面经历风雨回家后倍感温暖。对我们的亲人，我们要毫不吝啬我们的爱，爱能化解矛盾，升华感情。同时，我们对家人要有一颗包容的心，不要因为一些鸡毛蒜皮的小事争个你死我活，与家人争吵时少说一句，在家人需要安慰时不要吝啬你的言语，不要让恨的种子发芽。拥有一颗宽容的心，你收获的将是更多的爱。

要做到顺畅的沟通，我们要有善于发现问题的眼睛，虽然世事瞬息万变，人也是千差万别，但只要你用心，总会找到一个突破口，一旦你拥有这个能力，你就得到了无数把打开人心灵的钥匙，你会体验到各种人生的惊喜。

八、场面状态：说话者控制，听话者决定

作为沟通的双方，可以是简单的两个人；也可以是一个人和多个人，比如演讲；还可以是多个人之间的沟通形式，比如研讨会。那么如何才能成为

一个受欢迎的发言者？如何让自己说的话产生自己想要的效果？

首先，你要明白你要说的内容是什么，用怎样的方式把你的观点表达出来，这都是你自己的事情。而你说的话被人接受和认可的程度，你的话是否起到了你想得到的沟通效果，却不是你所能掌控的。也就是说，沟通从一开始就是双方的行为，忽视其中的任何一方，都不能完成一次愉快的交流，要么是听的人不知所云，要么说的人大失所望。作为一个有和他人沟通意愿的人，我们要做到不以自我为中心，忽略了听者的感受。要兼顾沟通双方的实际情况，不要厚此薄彼。

其次，要想做一个能吸引眼球的发言者，我们要尽量做到以下几点：

第一，要明确自己想要表达的内容。

如果你自己还迷迷糊糊，不知道要表达什么，就不要贸然开口。你讲的内容要能够让人信服，要对人有足够的吸引力。要养成在说话前先进行精心准备的习惯，这样你才能言之有物，出口成章，才能让你的话体现出应有的水平。

第二，在讲话时要和听者有眼神的交流。

眼睛只死死地盯着一个地方的人，在说话时是不会有人喜欢的，这样显得心不在焉，对人不尊重。因此我们要牢记，这种无声的交流在沟通时同样是很重要的。

第三，说话要简洁明了，只抓重点。

你只要清楚一点，不会有人因为你说得太多而怪罪你，问题是你讲得是不是足够好。相反，如果废话连篇，多而不精，只会让别人听得头疼，抓不住要点。这样费力不讨好的事情会让人懊恼，明白这一道理后，我们有必要学会在交流时什么是适可而止，什么是恰到好处。

第四，要说一些对方感兴趣的话题。

要想做一个受欢迎的发言者，最直接的方式就是传达给听者最爱听的东西，也就是要投其所好，当着瘸子面不提你跑得快。如果你所传达的东西，听的人从一开始就是排斥的，无论你有多么好的表达方式都是多余的。因此，我们的原则是：我们说什么不重要，听的人喜欢什么最重要。

通过上面的探讨，我们明白了，沟通不单单是说话人一方的行为，作为听讲者，他对整个沟通的顺利进行，以及最后沟通所达到的效果所起到的作用都是不容小觑的。我们讲的技巧，只是从实践中得到的，它只有在被我们重新用于实践中，才能发挥应有的作用。如何把这二者很好地结合起来，是我们要做的事情，它只是给你进行顺利沟通提供了一个工具，我们要如何使用它，以及它最终的效果如何，都要从我们在今后的沟通中得到答案。

九、变换表述：改变说的方式

在工作和生活中，我们总避免不了和别人打交道。我们每天要说很多话，说话是一门很高深的学问，那么我们要如何巧妙地利用语言使我们的交流更加顺畅呢？

第一点：语气。

说话时我们自然而然地带着语气，相同的内容，你使用不同的语气说出来，必然出现不同的意思，这就是语言奇妙的地方。所以我们要注意交流时的语气。

第二点：语序。

同样的词语，它们的顺序变了，意思也变了。比如好学习和学习好，它们的意思相差很远，一个是动词，好学习，表明一种态度；一个是形容词，学习好，用来评价人的状态。因此，在沟通时先说哪个后说哪个；先讲原因还是先提结果，都要斟酌好。

第三点：说话的速度。

在和别人谈话时，除非有特殊情况，否则语速太快一方面会让听的人觉得费劲；另一方面容易让对方听不清，产生误会。因此，交流时的语速最好要把握好。

第四点：说话前要考虑好。

有些人说话心到口到，尽管不一定有错，可往往这样说出的话让人不怎么舒服，如果我们在话到嘴边时先考虑一下，就可以少说错话，显得你更稳重，交流时也避免出现尴尬。

第五点：交流时不要太以自我为中心。

虽然每个人天生都是自私的，最先肯定的都是自己，但与他人的交流中，首先，需要多求同，这样不仅体现出你们的志同道合，还能让对方觉得与你对话很舒服，有和你交流的欲望。其次，在交谈的过程中要适时地和对方互动，给对方表达自己观点的机会，这样会让对方觉得你很重视他，愿意和他探讨一些东西。

第六点：要避免使用有对抗性质的语句。

假如在沟通时要讨论一些敏感话题，不要使用批评性的话，例如"你太伤我的心了""你太糊涂了""你很自私"之类的话，这些话语不仅不能促进你们很好地沟通，有时还会造成一些矛盾。多表达自己的感受，少评价对方的行为。迂回地表达意见，才能更好地化解矛盾，解决问题。

第七点：多提些开放性的话题。

在沟通时，为了使你们的交流内容言之有物，多找一些开放性的话题很有必要，例如"你的业余时间有什么爱好"之类的话题，这类话题可衍生出许多谈话内容。在双方都不熟悉的时候，能够有话可聊。不要问那些只需要肯定和否定的封闭性话题，例如"你爱唱歌吗？"这类问题往往会使交流陷入僵局，使双方都觉得尴尬。

生活里只要不是有生理缺陷的人，每个人每天都要说大量的话，我们常常会说"某某很会说话"，我们是不是在说的同时带着一点羡慕呢？那么好好体会上面说的"武器"，也做个"会说话"的人吧！

十、气氛营造：愉悦时容度大

人和人之间沟通的氛围要比沟通内容本身更为重要。在交流内容一样的情况下，你愿意在一个和谐友好的气氛中进行，还是在一个冷漠、紧张的氛围里开展？哪个环境的交流效果更好？答案是非常明显的。假如我们能营造出一个好的沟通氛围，就可以很好地改善我们的人际关系，达到我们的沟通目的。

营造良好沟通氛围的方法有很多种，我们仅列出几种与大家共勉：

第一，用寒暄为即将进行的沟通作铺垫。

假如沟通双方已经熟悉，交流前的场面话主要是为了避免冷场，减少长时间未联系产生的拘束感；假如双方是第一次见面，那就需要先简单介绍一下自己，在有了沟通的氛围以后，再回归到沟通的主题，这样既显得礼貌，也有利于消除彼此的隔阂，给人留下较好的第一印象，为沟通的顺利进行打下一个好的基础。

第二，加强正向性的信息。

首先，要做到的就是尊重别人，"尊重"二字说起来容易，可一些交流中的小细节却未被引起足够的重视，例如你是否及时回复了别人的信息？你是否在交流时保持了足够的礼仪？你是否注意到别人态度的变化？其次，你是否用心地倾听别人的想法？诚恳的态度可以很好地拉近双方的距离，让交流的双方感到亲切自然。如果没有诚意，那么无论你是多么高明的沟通高手也是无济于事的。再次，在与别人交流时，要适时地提问，要适时地给对方谈话中精彩的部分点赞。要毫不吝啬地赞美别人，这是对交流对象最大的肯定。最后，在交流的过程中，我们也要虚心接受别人的意见，即使你对对方观点有些异议，也不要直截了当地反驳，以免造成僵局，破坏了良好的气氛。

第三，不要随意评价别人的做法。

生活中有些人开口评价时常说出这样的语言："你太粗心了""你太自私了""你一点也不体谅我"……一个善于沟通的人绝不会这样说话，他们只会对别人的行为说出自己是如何感受的。"你总是不小心，我担心你工作受影响。""你这里做得不够好，我们要重来一遍了"。虽然面对的是同样的事情，用不同的话表达出来，所营造出的氛围却是截然不同的，而后者也更容易得到沟通的最佳效果。

良好的沟通氛围可以形成好的良性循环，使交流的气氛越来越好，也使沟通的过程越来越顺利，达到双方都满意的结果；不善于营造良好的沟通氛围，或是不善于把控沟通时的氛围，都不利于沟通的顺畅进行，不仅达不到沟通的目的，也会使沟通双方产生隔阂，切断良性循环的链子，阻碍双方实现利益共享的愿望。

十一、遭遇抗拒：自省而不是怪罪

在我们与外界接触的过程中，沟通是必不可少的，小到去菜市场和小贩讨价还价，大到为一桩生意与对手的谈判，诸如此类的事情不胜枚举。但在这些较量中我们并不总是可以取得胜利的，有的时候可能会一败涂地。当你为沟通失败而懊恼时，你考虑最多的是什么？把错误推给别人，还是自我反省？我们要如何提高沟通质量，在沟通中占据有利位置呢？

要想让你与他人的交流顺利进行，我们要有这样一个信念：这个世界上不存在永远拒绝别人的人，只有顽固僵化不懂得变通的沟通者。即使的确有的话会让对方拒绝你的想法，也一定有一些话可以令对方敞开心扉，乐于与你交流。了解这一点，只要我们有信心，一定能在沟通时达到自己的目的。

要想让你与他人的交流顺利进行，要改掉一些不好的说话习惯。生活中，我们总能觉得与一部分人交流如沐春风，也有一部分人让我们避之不及。同样意思的话，从不同的人嘴里说出来，给人的感觉大相径庭。假如有人和你说："你一定错了。"而你回了一句："我肯定对！"你认为你们还能和和气气地交流下去吗？这时候冲突和抗拒的种子已经播下了。假如你这么说："我也同意你的看法，同时也希望你可以以我的立场听听我的想法。"这里我们要谨记，在沟通时你没必要同意他的观点，可你一定要尊重他的立场，因为对待同样的事件，看法会因人而异。

要让你与他人的交流顺利进行，你需要掌握一些说话的技巧。如果你掌握了沟通的技巧，在坚守原则的同时，你不仅能表达自己的想法，而且也不会惹得他人反对，这种感觉是不是很好？在与人的交往中，我们要时常记得三句话："我感谢你的意见，同时也……""我尊重你的想法，同时也……"
"我同意你的看法，同时也……"这三句话，表述了三件事：第一，你能设
身处地站在别人的立场对待这件事，而不是贬低他的观点；第二，你正想努
力尝试与他联手合作；第三，你在为自己的观点寻找一个不可抗拒的路径。
如果我们在和他人沟通时学着运用这三句话，会使你的意见得到很好的表达，
交流能顺畅进行。你要明白，只有在没有对抗的地方，才不会有矛盾产生。

　　与人沟通的技巧只是工具，只有我们在日常的沟通时运用这些技巧，才
能在和他人沟通时做到游刃有余。有些人把争执看成拳击赛，每一句话都想
打败对方，假如看成打太极拳，不是压制对方，而是借力打力，效果反而
更好。

第六章　目标律：不动你的奶酪

　　人是高等动物，思维高度发达。看似所有动物都有目的性，但低等动物的目标性其实是本能，而人的目的性则表现为很强的理性。人与人、人与环境之间的冲突，实质是目的的冲突。要想有效融合、和谐相处，需从调整目的下手。

一、种瓜种豆：想收获什么就种什么

有这样一个故事：战国时期，魏王要攻打邯郸。季梁很反对这件事，于是去拜见魏王，他对魏王说道："大王，我今天在回来的路上遇到一个人，他正赶着华丽的马车到楚国去。于是我就问他：'你要到楚国为什么不向北走呢？楚国在我们的北面啊！这个人回答说：'我的马好。'我说道：'马很好可是这不是去楚国的路啊。这人又说我的车好，路费多。'我说道：'这样不是离楚国更远了吗？这个人说道：'我的车夫善于赶车。'这个人不等我说完就赶车走了。"

魏王听了他的劝告，决定树立自己作为仁者的威望，不再攻打邯郸了。

也许看到第一句话大家就已经明白这是"南辕北辙"的故事，这里面蕴含的道理你知道吗？就是说，违反客观规律，没有正确的努力方向，就不能达到预期目的。

小时候我们学过小猫种鱼的故事。农民伯伯把玉米种在地里，到了秋天收获了很多玉米。农民伯伯把花生种在地里，到了秋天，又收获了很多花生。小猫看到了，于是把小鱼种在地里。它美滋滋地想："我把小鱼种在地里，到了秋天一定会收获很多小鱼。"这个故事的结果可想而知——方法不正确，你的目标再高远，也不会有收获。

种瓜得瓜，种豆得豆。在逻辑上，要达到目的必须有两个要素：一是目的正确。像"南辕北辙"的主人公，你的马车再好，路费再多，车夫技术再好，想到楚国就必须回头。二是方法正确。小猫种鱼，看起来目的很明确，可是方法上失误，把鱼种在地里就是死鱼，而把它养在水里，就会得到大鱼。

人类思维高度发达，人和动物一样具有目的性。人类之间的竞争与不和谐，归根结底是目的的冲突。就像《杜拉拉升职记》中，同事关系是建立在终极利益上的，你的薪金、你的职位、你的工作能力，都将影响你和别人的人际关系。

反过来，人际关系又影响你的地位和薪金，你要和周围融合起来，就需要调整你的目的。

第一，清楚你想要什么？有人奉行"宁让天下人负我，不让我负天下人"，这样就会收获道德，你就会成为雷锋。而有的人以利益为先，对和他交往的人他也会针锋相对。

第二，根据目标，制定相应的策略。顺其自然很潇洒，可是如果没有对目标的策划，就没有方法的选择。你的目的不同，做法就会不同。你的做法不同，结果就有所不同。

第三，注重融合。水至清则无鱼。融合不是同流合污，融合是实现目的的催化剂，有时候也是决定性因素。人际关系的优劣，决定了目的的达成度。

二、果因定律：果即是因

一加一等于几？除了陈景润，学过数学的人都会一口说出答案：一加一等于二。当我们饿了的时候，生理和心理反应都是"吃"。这就是因和果的关系，有因就有果，有果必有因。

在我国，儒释道都讲究因果，把"诸恶莫做，诸善奉行"作为做事的准则。在国外有这样一个故事：一条名叫拉基的牧羊犬在牧场遭受到一头公牛的攻击，牧羊犬猝不及防，一下就被公牛顶了起来，毫无反抗之力，眼看生命不保。

正在这千钧一发之际，67 岁的老人罗伊·梅尔顿听见叫声立即赶来，赶跑了公牛，救下了拉基，并且一直照看着它，直到它的主人来到。

三年后的一个深夜，拉基的主人突然听到拉基发疯般的狂叫。于是就起床放开拉基，只见拉基跑到门外一个跌倒的人身边。狗主人一看躺着的人正是罗伊·梅尔顿。原来老人由于心脏病突发，摔倒在地上昏迷不醒。

狗主人及时拨打了急救电话。梅尔顿被送到医院，经过医生的治疗脱险了。

在这个故事中，罗伊·梅尔顿救了拉基，拉基又救了罗伊·梅尔顿，因果联系竟然如此的清晰。

在心理学中有个因果定律就是：任何事情发生都有其必然的原因。有因才有果，换句话说，当你看到任何现象的时候，你不用觉得不可理解和奇怪，因为任何事情的发生都有其必然的原因。你今天的结果，是你过去种下的因造成的。

你的工作会好吗？你会有物质财富吗？分析一下就能清晰地知道。

你的父母。英雄不论出身，可是现在有很多官二代、富二代，如果你不是，也不要泄气，自古贫寒多英杰。"拼爹"不是唯一的途径。

你的能力。你的能力如何，是否有一技之长，是否勤劳能干，这些决定你的工作和财富的层次。

你的性格。性格是人的情商的重要组成部分，它也决定了你的交际能力和为人处世的能力。

你的人际圈。有钱的人往往和有钱人交朋友，穷朋友他看不上，也不去结交。朋友圈的质量代表你事业发展的趋势。

你的执行力。万事俱备只欠东风，一切都好，却不付诸行动，也只是纸上谈兵。向前走一步，远比神游全世界好。

你想明天比昨天更好吗？请遵循因果定律，改变自己，换个做法，确定自己善的目标，改进性格缺点、增加自己的能力，一切都会好。

三、换个靶子：人因目标而改变

在平时的生活中，我们会有很多目标想要实现，比如想考名牌大学、想有一辆豪车、想有个大别墅，想有漂亮的媳妇或者老公。可是随着岁月的侵蚀，你会发现这些目标十有八九没实现，可是你似乎已经心灰意冷。

人生难道就这样走过，就这样碌碌无为。不这样，你又能做什么？

有这样一个人，他的人生经历可谓丰富。他少年时期当过俄亥俄河上的摆渡工，做过种植园的工人，还做过店员和木工。18 岁那年，他又成为一名船员。

1834 年 8 月，他当选为州议员，还同时管理乡间邮政所，从事土地测量，并在友人的帮助下钻研法律。几年后，他成为一名律师。1846 年，他当选为美国众议员。1847 年，他成为国会议员。1860 年，他以 200 万票当选为美国总统。

他就是人们爱戴的伟人——林肯。

林肯几乎在每一个阶段都有自己的目标。每一个目标都让他的命运发生改变。我们的生活和他比起来似乎有些单调，三点一线的路线，一劳永逸的事业目标，我们似乎忘记了学会改变。

林肯的经历告诉我们——人因目标而改变，换个靶子你会走得更远。

我们怎样选择自己的目标呢？

第一，适可而止，学会拐弯。如果你穿着一双不合脚的鞋子，你会越走越累。当你不断追求的目标不能实现时，就请适可而止，换一个目标，你会发现柳暗花明又一村。不成功不是因为你不努力，而是因为目标不适合你。

第二，学会坚持，只要正确就坚持。实现一个目标，需要个人的勤奋和执着。这种执着与适可而止并不冲突，学会坚持，才能让过程有持续性，才能更靠近目标。

第三，发挥特长，以长补短。天才指挥家舟舟是个先天性愚型儿，可是特殊的环境造就了他音乐指挥家的天赋。1999年的元月残联新春晚会，随着舟舟一个漂亮的起拍手式，音乐响起。舟舟的动作优美而流畅，第一首乐曲结束，观众被震撼了，一首《拉德斯基进行曲》演奏完，全场几乎沸腾了。每个人都有特长，只要你把它发挥出来，这就是新开始。

第四，学会沟通合作，共谋发展。我们改变不了世界，可是能改变自己。改变了自己，别人才有可能改变。当你心中充满着愤恨，你会觉得别人都对你有敌意；当你心中充满阳光，你会发现，你看到的人也都可爱善良。这就和苏东坡与佛印的机智对答一样。苏东坡说看到的佛印是牛屎一堆，佛印说看到的苏东坡是一尊金佛。当苏东坡沾沾自喜的时候，其实不知道他的心境也是悲观的。

心有多大，世界就有多大。改变自己，别人才有可能改变，你的人际关系才可能改变，你才能融入别人的内心世界。

四、僵滞者亡：死守的悲哀

有个刻舟求剑的故事是这样的：有一个楚国人乘船过江，正当他惬意地看风景的时候，一不小心把随身带着的宝剑掉到了江中，船上的人都告诉他："剑掉进水里了，快停船！"

谁知道这个楚国人不慌不忙地拿出一把小刀，在船上刻了一个记号。然后回头对大家说："这是我的剑掉下去的地方，到了岸边我再下去捞。"

众人疑惑地说道："船越走越远，你做的记号管用吗？"

楚国人依旧自信地说："不用着急，我有记号呢！"

当船到了岸边，这个楚国人顺着他刻的记号下水找剑。结果可想而知，他肯定没找到宝剑，反而受到了大家的嘲笑。

这个楚国人把船正在行走给忽略了。在哲学中有一个重要的观点，那就是发展观。任何事物都在时刻发生变化，从量变到质变，从积极到消极，从孩子到老人，从生命到死亡，世界也无时无刻不在变化。类似楚国人的这类做法，在现实生活中不比比皆是吗？

小梅是一个优秀的女人，自己工作做得很好，在家相夫教子，可是老公花心有了外遇，万般无奈，小梅离了婚。可是小梅决定终身不嫁，因为再也不想相信男人。

可是换一个角度来想，既然都过去了，那就把他封存或者淡忘，重新开始不更好吗？总有一段幸福会等着你。

僵滞者亡，当你死守着一个结而悲哀的时候，一切美好的风景你再也看不见。打开窗，空气依旧清新。

我们应当怎样不断地进步呢？

一是学会删除记忆。电脑里垃圾太多，会影响操作速度，我们遇到这种情况，往往都会删去不必要的垃圾文件或者软件。人生也如此，对待一些垃圾信息，我们也要学会强制性删去不好的，留下美好的，当你的精神家园开满鲜花的时候，你的生命一样会开满鲜花。

二是学会缓解忧郁。忧郁是一种心理受伤后留下的伤痕，也是对压力的一种应激反应。每个人都会忧郁，只不过程度不同。当你工作压力过大的时候，有时甚至不想上班，上班后也不想工作。这时候我们就要换个思维，启用解决忧郁的万灵公式：找到压力的源泉—正确分析它的后果—想办法解决（或者干脆冷处理）—勇敢站在压力面前。

世界上所有的事物都处于不断的变化之中，不肯改变就会面临淘汰或失败的威胁，向前走，不断地开拓自己，和周围保持相同的频率，这样你的世界将会有一片新的天地。

五、适者生存：和顺源于机变

老子在《道德经》中说："人法地，地法天，天法道，道法自然。"意思是说，人效法地的运行规律，地效法天的运行规律，天效法道的规律，而道效法宇宙的自然运行。

我们的先人早在战国时期，就明白了适者生存的道理。

这种生存往往需要付出一定的代价。明代海瑞刚直不阿，只要是看不过眼的事，就要纠正。有时候皇帝犯了错他都要骂。嘉靖四十五年，海瑞上书写道："嘉者，家也；靖者，净也。嘉靖嘉靖，家家净也！"劝谏皇帝实行仁政，结果把朱厚熜气得直哆嗦。

但是海瑞也有自己机变的智慧。都御史鄢懋卿下基层视察，骄淫奢侈，结果海瑞修书一封给他，假装不知他下的清廉的命令是真是假，把鄢懋卿吓得没敢走他的辖区，绕道而行了。

适者生存的核心在于机变，在于中和，讲究外圆内方。

周恩来总理为人处世就是一个榜样。多少国民党元老虽然和他的政见不同，却都和他是好朋友；多少敌人和他兵戎相见，可都是他的崇拜者；多少国家的元首虽然和他意识形态不同，却被他的人格征服。这不但是适者生存，而且是人格的适应性，周恩来的机智、幽默、合作精神，像一块吸铁石把人们吸引到他的身边来。

怎样让自己成为一个和谐的使者呢？

首先，要有自己的人格基础。动物界也奉行适者生存的原则。老虎吃狼，狐狸捉鸡；鸡吃虫子，大鱼吃小鱼。这是由每一种动物的特点决定的，也就是由它们的内在特质决定的。人类生存的基础，也由我们的内在特质决定。让自己成为品质的强者，这是首要问题。

其次，学会处事。任何人都希望自己拥有和谐的人际关系，这就既要坚持原则，又要学会调节。假如遇到小人，你不得罪他不就好了吗？

再次，拥有机变的智慧。和顺源于机变。处理问题讲究随机应变、机智灵活。一句幽默的话语就能打破尴尬，就能化干戈为玉帛。

最后，做事要有目的性。适者是为了生存，机变的目的就是和顺。盲目的附和就会成为拍马屁，阿谀奉承。

六、有的放矢：清楚地知道你想要什么

赛场上，射击运动员正聚精会神地瞄准靶心，只见他两臂用力，张满弓弦，姿势优美，手一松，箭若流星，正中靶心。

弓箭手清楚地知道自己的目标——只要正中靶心就是胜利。目的明确这个过程是艰苦的。

《西游记》是我国的四大名著之一，其中的四个主角可谓个性鲜明，形态各异。

唐僧的目的是到西天取经；悟空的目的是保护唐僧取经，然后修成正果；猪八戒的目的是填饱肚子；沙和尚的目的是重回天庭。

师徒四人跋山涉水，降妖除魔。每个人都为自己的信念而努力奋斗。最终，四人都达到了自己的目标。唐僧取得了真经，孙悟空成为斗战胜佛，八戒成为净坛使者，沙僧重回天庭。就连白龙马也获得了自由。

对于每个人来说，做法是达到目的的手段，过程就是方法的持续。只有灵活地不断修正，才能到达胜利的彼岸。

世界观是解决我们想要什么的范畴，方法论是解决怎么做的问题。二者要有效地统一起来。

1. 树立远大目标

很多人具有某一方面的天分，但是由于没有远大的目标，就像《伤仲永》里的仲永一样长大后碌碌无为。

2. 阶段目标

远大目标是由阶段目标组成的，千里之行，始于足下。每一个脚印都很重要。树立阶段，并锲而不舍地奋斗，踏实地完成每一个目标，这样才会有所成就。

3. 不断修正方法

人类所有的知识都在不断地进行修正，通过不断地修正方法，优化目标设置，做到合理高效。

4. 修正自己

当我们因自己的缺点而苦恼，你可曾想过修正自我，或许明天的你就会因为自己的无数优点受到他人的赞扬而喜悦，要学会不断修正自己，这样才会更好、更强大。

5. 找准共振，会用合力

要达成目标，必须和别人有共鸣，这样才有号召力，有亲和力，学会运用合力，这是检验你和社会融合程度的环节。

6. 贯穿一种理念

人是要有一点精神的。人无精神不立，国无精神不强。一个人要有点精神，否则就会失去内涵，不能自强自立；一个人如果没有一种不断前进向上的精神，没有使命般的激情，不思进取，生命就失去了存在的价值和意义。

面对自己的目标，我们要有一种"等不起"的危机感，要有一种"慢不得"的压力感，要有一种"坐不住"的责任感。

七、节点求成：一步两脚印

人生有很多节点，可是关键的就几步。这是因为在这些节点上，由于选择的路不同，就可能有不同的人生。

江西省吉安市永丰县沿陂镇涂家村的刘春华，2009 年大学毕业后，他和几个伙伴在厦门经营一家建材店。时间一长，他总觉得不踏实，想趁年轻干出自己的一番事业。2011 年一次偶然的机会，刘春华认识了内蒙古一个养殖场老板，得知养羊的利润很大。2014 年 2 月，刘春华辞去工作，回乡花低价租下了一个养殖场，花了 30 余万元引进 300 多只湖羊开始饲养。当他将第一批 200 多只羊卖到广东、福建等地的时候，终于收获了第一桶金，纯利润 15

万余元。

刘春华的故事让我们明白了人生节点的重要性。

记得在读大学期间，我就开始创业做点小生意。刚毕业时也想过继续创业，但后面又想，还是缺乏经验，于是给自己做了一个五年的规划，五年后再创业。所以毕业后还是先从最基层的业务开始做起，从业务员做到主管、经理、副总、总经理，直到第五年，开始独立创业。当然中间也经历了很多次失败与挫折，流过很多的汗水与泪水，心中虽有宏伟的目标，但每一个节点我觉得都是脚踏实地，一步一步地向前走，也一路不断坚持到现在并取得了还不错的成绩。因此，在实现梦想的路上，既要仰望星空，也要脚踏实地。

李嘉诚在对大学毕业生进行演讲时说过一段话，他认为，在人生的节点上，青年们发生质的变化，关键看你是"求存者"，还是"求成者"。

在"求存者"的眼里，一切都是"谜"，前途不可预料，只有按部就班；但"求成者"却不同，他即使置身于繁杂的世事中，依然懂得解码的方法。"求成者"的内心有所追求，定位明确，愿意为改善今天不断寻找最佳方案；没有一大堆主观的意见；他们负责任，拒绝接受不认真，拒绝一切复杂化的做事方法。"求成者"有纵横合一的真功夫，他们的思维系统是非线性的，不怕拥抱新知识，在新领域爱思考探索，乐在其中。

节点求成，要一步两个脚印，一个脚印是生存，另一个脚印是成就。怎样在节点求成呢？

1. 拥有足够的知识储备

每一个人需要学习的不仅是知识，更重要的是能力和技能。没有足够的知识储备，别说成就了，就连基本的生存也会很难。

2. 寻找机遇

机遇就是命运，是人生中重要的组成部分，只要你善于抓住机遇，不犹豫、不后悔，你就离成功近了一步。刘备三顾茅庐，不是前两次诸葛亮不善于抓住机会，是他想把机会抓得更牢。

3. 脚踏实地

海市蜃楼、空中楼阁只可远观，不可亵玩。同样，如果我们处于人生的节点时，不脚踏实地地去劳动、去创造，终究也是一事无成。

4. 细节决定成败

注重每一个细节，灵敏地捕捉到细节的价值，把细节做好做精，这样你会在人生节点上不止有两个脚印，甚至有三个、四个。对细节的精雕细琢能放大成功的概率。

5. 不怕辛苦

有的人从事脑力劳动，有的人从事体力劳动，可是不管从事哪一种劳动，如果一干就扔，一干就怕累怕脏，你的事业不会成功，你周围的人对你的评价也不会太高。

改变是所有进步的起点，学会抓住节点，决断你的人生。

八、惯性凶猛：不要让习惯害了你

春秋时期，齐桓公率领军队攻打山戎，山戎首领的密庐被打得毫无还手之力，于是就投奔了孤竹国。孤竹国君答里呵听从宰相兀律的建议，把密庐杀掉，然后假投降齐军。齐桓公上了当，中了孤竹国的计策，被引进沙漠。

眼看人困马乏，无草无粮。这时候管仲给齐桓公建议："挑选几匹老马，然后跟在后面就能出去。"几匹老马真的带着齐桓公走出了沙漠。

老马识途，出于经验和惯性。正是因为这种经验和惯性十分有用，好习惯能够让我们节省时间空间。

蜚声中外的画家齐白石，从一个木匠靠着自学成为画家，他不断汲取历代名画家的优点、技巧不断进步。60岁以后的画风明显不同于以前，70岁以后画风又发生了改变。80岁以后画风又发生了变化。齐白石的一生五易画风。大艺术家的生命力在于不被惯性束缚，创新就是不竭的生命力。创新也是一种习惯。

好的习惯能给我们带来好处，可是坏的习惯会让我们惹出很多麻烦。比如有的人习惯打游戏，习惯开车喝酒，习惯小偷小摸。

不要让惯性害了你，即使是好的习惯也要学会不断地去创新和改变，坏的习惯更要改变，不断地修正我们的行为，为目标的实现创造良好的条件。

1. 找出自己的坏毛病

金无足赤，人无完人。只要是人就会有缺点，比如吃饭不文明、喜欢说脏话、不喜欢洗澡，这些都是坏习惯。把自己当成埋在土里的金子，每天清除一点土，克服一点不好的习惯，终有一天，是金子总会发光的。

2. 正确客观地评价自己

人贵有自知之明，我们有时候能正确地评价别人，但是不能正确评价自己，当局者迷。自己做自己的医生，怎能不了解自己的病情呢？冷静客观地正确评价自己是克服坏习惯的开始。

3. 树立创新理念

创新就是一种习惯。学会创新，不要保守陈旧，这些创新在伦理道德基础上越先进越好，世界这么大，创新无止境，我们的自我修正也无止境。

4. 保持好习惯，克服坏习惯

不是所有的惯性都要制止，不是所有的习惯都要克服，不能眉毛胡子一把抓。保留好的，克服坏的，这是最佳的自我修正方式。

不要让今天的坏习惯害了未来的你，行动起来，迎接充满阳光的明天。

九、自觉自动：自己逼自己

公元前 207 年，项羽与秦将章邯率领的秦军主力部队在巨鹿展开一场大战。项羽和军队渡过漳水，然后背对着河和敌人展开决战。在战斗之前，项羽命令士兵把船只全部凿沉，把做饭的锅全部砸破，只带了三天的口粮。士兵们一看也回不去了，不打胜仗也没东西吃，于是全体士兵拿出拼命的架势，一鼓作气把秦军打败了。

项羽巧妙地抓住了士兵不拼命就没活路的心理，充分发挥士兵的主观能动性，上演了一部让他们自己逼自己的大戏。

有一位游泳教练，他在非常短的时间内，培养了很多优秀的游泳选手。当有人来问他教练的秘诀时，教练把他领到了训练的泳池边，他顿时就惊呆了，因为他看到每个泳道上都趴着一只鳄鱼。原来每当训练时，教练就让这些鳄鱼跟在运动员的后面，运动员们心中充满恐惧，只能拼命地向前游，结果成绩有了显著的提高。

把自己逼到死角，说不定就是重生的开始。你不想奋斗，是因为你还有吃有穿；你不想成功，因为你没有这种渴望；你不想负责任，因为你根本就没有这种能力和勇气。可是不勇敢地拼一下，你怎么知道自己有多优秀呢？

艰难的环境并不可怕，可怕的是没有战胜艰难的勇气。很多人在面对困难与失败的时候，不是想办法、找出路，而是怨天尤人，很少从自身找原因。

发挥自觉自动性，我们需从以下几方面入手：

1. 建立目标倒逼机制

理想越高，才能就发挥得越大，同样，短期目标实现得越快，个人能力发生质变的速度就快。建立目标倒逼机制，就像高考倒计时，给自己一个期限，把自己的人生画成方格，把自己的人生设定程序，也许你的潜力无限。

2. 增加紧迫感

如果你想做一个钓鱼翁，那你就轻松地活着；假如你想做一个安稳的上班族，请你静静地走过你的人生旅途；可是你想有所成就就要有紧迫感，时不我待，时光如同白驹过隙，自我加压，自我定位。

3. 学会比较

人类的上进心往往来自和别人的攀比。小孩子看别人有玩具飞机，也哭着要飞机，这就是一种攀比。同样，成人的进步也来自比较，正是由于有了这些比较，我们才有了奋发向上的要求。

4. 增加信心和勇气

懦弱者难以成功，因为懦弱者没有胆气与豪气，没有信心和勇气。破釜沉舟只能是项羽吗？你也一定行。要想达到目标，信心和勇气是必要的。

5. 增强责任心

天将降大任于斯人也，必先苦其心志，劳其筋骨，逼自己出手不是做一个莽夫，我们必须有责任心，对社会、对家庭负责任，也对自己负责。只有这样，你的自觉自动才有意义。

十、戒虚戒妄：行动是理想与现实的距离

战国时，赵国名将赵奢有个儿子叫赵括。赵括年轻时学习兵法，理论知识很丰富，有时候和父亲谈起兵法来，就连父亲也难不倒他。可是知子莫过父，赵奢劝国君不要重用赵括，可是国君不以为然。后来赵括接替廉颇为大将，在长平之战中，由于只会掉书袋，不会活用兵法，被秦军打得全军覆没。

赵括纸上谈兵、夸夸其谈能行，可是真正去实践带兵打仗却没有一点才能，这就是理想和目标的差距，理想和现实的差距。

现实中，眼高手低的事情还很多，小吴从一所科技大学毕业，学的是平面设计专业，专业知识丰富，毕业后到了一家公司任设计员。有一次领导交给他广告设计任务，本以为手到擒来，可是他设计了几次都与客户的要求相差很远，最后小吴不得不请教了老设计员才解决了问题。每一个学子在刚毕业的时候，总是心高气傲，总以为知识能变为能力，往往在碰壁以后才知道脚踏实地的工作。这并不是知识不渊博，而是你还没有让实践和知识接轨，就如同一个刚拿到驾照的新手，开起车来很生疏。

行动起来，让理想成为现实，我们有这样一些方法：

1. 把知识变成能力

我们之所以喜欢谈论理论，是因为理论指导能力。在英美等发达国家，对孩子书面知识的考核是一小部分，学校考核的主要内容是各种能力，知识如果不转化为能力就是单纯的理论，是假能力，两者的转换，才是理想与现实的桥梁。

2. 把大意变成谨慎

任何事情如果想当然的做，肯定会有失误，甚至会产生不可预料的后果。在行动中要戒骄戒躁，谨慎小心，既要有做事的信心和豪情，也要有吕端大事不糊涂的风格。

3. 多实践，多锻炼

卖油翁之所以能把油通过铜钱倒进葫芦里，没有其他原因，唯手熟而已。要想增强行动力，重要的方法之一就是多实践、多锻炼，这也是愚公移山的精神实质之所在。

4. 有完整的方案和计划

任何有目的的行动都有计划和方案，盲目的想法加上盲目的行动，你的结果也一定是不理想的。

行动是理想和现实的距离，缩短它，理想和现实就变得很近。

十一、无效行为：近路不一定快

一个少年拜一位武术家为师。他问师傅："我多久能学成师傅的剑法呢？"师傅回答说："十年。"少年又问："师傅，我全力以赴，不分白天黑夜地练习，需要多久？"师傅答道："三十年。"少年很迷茫，又问道："要是一刻不停地修炼需要多长时间？"师傅静静地答道："七十年。"

练武本来是慢功夫，要想一蹴而就是不可能的，师傅的意思是：欲速则不达，一些路看起来近，真走起来不一定近。

清代蒲松龄19岁参加童子试，接连考取了县、府、道三个第一，名震一时，青年意气风发，前程大好，可是以后参加考试屡试不中，直到他 71 岁的时候才成为岁贡生。

蒲松龄用毕生精力完成《聊斋志异》8 卷、491 篇，约 40 余万字，情节幻异曲折，跌宕多变，文笔简练，叙次井然，被誉为我国古代文言短篇小说中成就最高的作品集。

失之东隅，收之桑榆，蒲松龄一开始想通过科举的道路施展抱负，可是一直考了 40 多年也没考中举人。但是他勤学的行为虽然对科举来说是个无效行为，但是对写《聊斋志异》来说却是个有效的行为。近路不一定快，远路不一定慢，《聊斋志异》不是名垂青史吗？

因此，没有不对的行为，只有在当时环境中没有效果的行为，无效行为是相对的。

怎样才能让行为有效呢？

1. 预先评估目标的可行性

首先需要评估目标的必要性，你的目标是否必要，你的行为是否必要，这需要分析论证；其次是评估目标的难易程度，实现目标十分困难，得不偿失，那就暂时缓一缓，不撞南墙不回头的行为要不得。

2. 找出最实用最科学的方法

从技术层面来讲，方法是关键环节。你到一个地方是骑自行车，还是坐公交，或是自己开车，这都需要根据实际情况确定。最实用最科学的方法，是走近路的保障。

3. 不急功近利，遵循规律

心急吃不了热豆腐，要遵循事物发展的客观规律，拔苗助长暂时来看禾苗是长高了，过后却只会颗粒无收。

4. 多向成功者学习

成功者都有自己的闪光点，多向他们学习，注重前车之鉴，结合自身情况制定行动路线。

5. 失败了要把损失降到最小

人生多歧路，失败是常有的，当我们面临失败时，不是一蹶不振，而是要把失败的损失和影响降到最小，即使跌倒了，也要抓一把沙，万一有用呢？

第七章　方法律：How 重于 What

　　在融合过程中，即便没有冲突了，和谐了，但在实现目标的时候，由于所采取的方法有问题，也会引发问题。所以不但你的目标要协调于环境，而且还要推敲方法是否得当。

一、别无选择：一条路时只有背水一战

前不久有一档关于面试的电视节目，一个自称在法国留学多年，获得了电影学位的人在被主持人问到某一个问题时，竟然因为答不出来现场晕倒了。这其实很耐人寻味，人人都有不知道的时候，何至于到晕倒这一地步。

我们常说，山不转水转。在融合的过程中，要学会"山不来就我，我就去就山"的圆融之道。在很多时候，不少人总认为自己陷在别无选择的境地里，时时刻刻都悲壮地准备背水一战。这其实就是方法论的错误。对事情只有一个方法的人，必陷困境，因为别无选择。而往往把人陷入这种境地里的，要么就是极度自信，要么就是由于不自信而引发的强制自信心理……一旦你失去与外部的信息交换，就陷入纯粹的内部的一个思路、一个渠道、一种模式的思考。最终结果往往是别无选择，在那些市场、渠道不怎么完善的小城市里，这种情况特别多。

在融合的过程中，学会与友军协同作战的意义要远远大于背水一战。永远记得，在采取某种方法的时候，要询问自己，是否还有 Plan B。有不少人都很勤奋，每天早上九点多到公司，然后十几个小时耗在里面，几乎不跟公司以外的人交流，即使有，也是客户、合作伙伴，讨论的事全都跟业务相关。这时候，人就很容易走入自循环。所有信息都来自一个小的封闭空间，来自身边的人，没有跟外部的信息交流。久而久之，就会陷入纯粹的一个思路、一个渠道、一种模式的思考，最终结果往往是一种方法面对一条路，时时觉得自己走进了死胡同。

当你觉得已经到了此路不通，前有饿狼，后有猛虎的境地时，就要考虑这个方向是不是有问题，我是不是还有其他的方向？背水一战、置之死地而后生都是好的品质，但是在创业过程中往往也是危险的品质。不少创业者都认为只要咬咬牙就可以看到黎明，现在是黎明前的黑暗。坚持到花光公司最后一分钱，然后自己从家里掏钱继续做。当然，如果方向没有错，这是悲壮的史诗；但是如果方向错了，却坚持不肯换，坚持了很久，还没起色，这时候，就是一个昂贵的失败。因为在这个过程中，金钱、精力、思维方式在不停消耗。

破釜沉舟听起来很励志，但是大多数把自己逼到破釜沉舟地步的人是很难有东山再起的实力的。在实现目标的过程中，应该不停地问自己 How，而不要问 Why，那是失败之后才需要考虑的。要打破这种凡事只有一个方法的自循环模式，就需要做到以下几点：

学会寻找友军。

将原来内部自我完善、自我感召的方式，改为外部进攻的方式。

学会变换方向。

二、非此即彼：面对两个选择会左右为难

在经济学里，有个著名的萨盖定律，就是当你戴上一块手表的时候，你知道准确的时间。当你拥有两块以上的手表时，你就不再能更准确地判断时间，反而会开始混乱，失去对时间的把握。

在方法论中也是如此，当你同时面临两个选择，而且两个选择看起来都很好的时候，于是给自己制造了左右为难、进退维谷的局面。融合最重要的一点在于始终要知道 What，也就是什么才是你真正想要的。

知乎上有个问题是："有什么问题可以值得我们一生反复思考？"排名第一的答案是："你这一生想要什么，并且能为此放弃什么。"

在我们看来，不管是人生还是事业，大部分时候都是在做选择题。1998年的时候，我们所用的手机还只能显示电话号码；到2008年时，手机里诺基亚统治天下，后来诺基亚并不是不优秀，只是在面临选择时，诺基亚却没有做出选择，导致了失败。

说到选择，有一个基本原则就是，为了达成目标，做的每一件事都要对实现这个目标有意义。这个原则可以用来判断一项工作的必要性，在资源有限的情况下，必须做出取舍，"贪心"将导致一事无成。

所以，要么选择一个，要么为自己创造更多的选择，不要总是把自己陷在两难处境里。有一个词叫作"八面玲珑"，从某种层面上来说，要想让自己跳出非此即彼的圈子，就必须注意分析和把握事物存在和发展的各种条件，在这个过程中，不但你的目标要协调于环境，而且还要推敲方法是否得当。当成功达成一个目标时，回头审视关键因素，确保它们继续起作用，会对达成下一个目标有帮助。

举个形象的例子，一个女人觉得自己深爱的人对她忽冷忽热，时远时近。于是整天沉浸在"他爱我""他不爱我"这两个选项里，患得患失，甚至到后来开始怀疑自己，否定自己。但假如她的身边还有其他挺优秀的追求者呢？因此，我们所要做的就是找出其他的追求者。

归纳、小结以及延伸思考：

永远学会问：是不是还有别的可能性？

在该做出选择的时候，不要拖延，不要逃避选择。

把握核心需求和方向，不要摇摆不定。

三、狡兔三窟：第 N 种办法

西方有句谚语，"不要把鸡蛋放在同一个篮子里"。咱们老祖宗也有一句类似的话，叫作"狡兔三窟"。如果你相信凡事有三种以上的解决方案，现在已经有了第一个方案，那么你急需做什么事情呢？去寻找第二、第三、第四种方案，当想出第三种办法的时候，你的思维已经开启了，这时候你所关注的重点已经不在于问题本身，而在寻找解决问题的方案上。成功者和失败者的区别往往只在一念之差，成功者关注的是解决问题的方案，而失败者往往纠结于问题本身。所以我们说，能有第三个办法的人，通常会找到第四、第五个，甚至更多的方法。

人的思维是发散性的，往往只需要一个开启的契机，就像电源开关一样。曾经有这样一则笑话：在大学里，大家都想通过考试，第一种方法是刻苦攻读，成为学霸；第二种是投机取巧，作弊神器。然后有人想出了第三种方法：找任课老师拉关系。毕业后，运用第一种方法的人成为了老师，用第二种方法的学生成了商业大亨，用第三种方法的成了政界显要。

当然，到了方法论的层面上，有时候方法本身并不重要，重要的是让你的焦点从焦虑问题本身变成积极寻找解决方案。这才是狡兔三窟的意义之所在。狡兔三窟，是为了分散风险，降低损失，以及其他别的需求，和"鸡蛋不要放在同一个篮子"是异曲同工。

举个最简单的例子来类比一下，高考失利了，只有一种方法的人也许会觉得只有复读一条路可走，不得不从头再来；有两种方法的人会在复读还是接受不理想的学校摇摆；而寻找到第三种方法的人也许在高考前就申请好了国外的学校。在我们的工作中，如何去寻找第三个方法，无非是以下三种情况：一是提高现实，二是降低期望，三是转移需求。

四、优化选择：所谓余地

有选择就说明有能力，所以，有选择总比没有选择好。

宋代法演禅师有句话："势不可用尽，用尽则祸必至；福不可享尽，享尽则缘必孤；话不可说尽，说尽则人必易；规矩不可行尽，行尽则人必繁。"现在这叫留有余地。

很多时候，留有余地是讲要给别人留有余地，但其实其潜在的目的是让别人或者虚无的命运给自己余地。比如很多在美国留学的学生，以进入华尔街成为精英而很努力地去考 CPA、CFA，去吃苦、去奋斗。但是不是精英的同样需要 back up plan。你 OPT 时间用完了怎么办，你临时找到的工作不给你办 H1B 怎么办？

绝对的内心强大很少有人能做到，只有优化选择，给自己留有余地，才能淡然处之，才敢顺势而为。如果时时处在没有选择的境地里，是很难游刃有余的。在交通安全中，有一个专业术语叫作防御性驾驶，交警为防御性驾驶总结了五大要领，分别是预估风险、放眼远方、顾全大局、留有余地、引人注意。

这适用于我们所讲的关于融合的一切方法论：替自己留后路，越多越好。为什么？比如，每个人都是开车踏上人生路的新手司机，预估风险大家都知道，放眼远方就只有一部分人能做到，再讲到顾全大局，那就需要一定的高度了，至于留有余地，就是智者所为。做到了前面几条，才有引人注意的可能性。因为别人会注意你，肯定是因为你站的位置、高度已经超过了大部分人。

在《红楼梦》里面有个很耐人寻味的情节，刘姥姥上贾府打秋风，凤姐何等精明，一眼就看穿了刘姥姥的来意。从内心来讲，对于这等穷亲戚，当家二奶奶完全可以把人轰出去，但是凤姐一席话说完，刘姥姥是什么心理呢？"先听见告艰难，只当是没有，心里便突突的，后来听见给他二十两，喜的又浑身发痒起来"。这就体现出凤姐的高明之处了，她既给自己留了余地：刘姥姥一家对其感恩戴德，日后帮了她大忙；也给刘姥姥留下了余地：第一次厚着脸皮上门并没有空手而归；还给贾府也留下了余地：大有大的难处。

由此可见，优化自己的选择，留后路，不死磕，并不等于不去尽全力，凡事总有"万一"二字，永远记得给自己留余地。

五、常规思维：并非努力不够，只因方法不对

最近有人告诉我，有个网红出了本很火的书，专门教育女性朋友如何变美，于是去拜读了网红的大作之后，我就觉得关于"你不美是因为你不够努力"完全经不起推敲。每个人自身都会有其能力的局限性，这不可怕，关键是你是以什么样的心态对待它。在这一点上，我们说，有两种思维方式：一种是常规思维，一种是成长型思维。

常规思维认为，成功是由与生俱来的智力和才干决定的，如果你需要证明你的能力，要么你是聪明的、有才干的，要么就得非常努力，如果结果不尽如人意，那就是还不够努力。而成长型思维则认为，能力是可以发展的，努力可以激发你的能力并让你更聪明或者更擅长于某件事情，但是努力不是

唯一的。

有这样一则寓言故事：一个非常勤奋的年轻人，很想在各个方面出人头地。经过多年的努力，仍然没有长进，有一天他就去问一位智者，智者叫来三个徒弟，让他们和这个年轻人一起去打柴。等他们回来的时候，智者看到，年轻人满头大汗，气喘吁吁地扛着两捆柴，蹒跚而来。而两个弟子一前一后，用扁担各挑着四捆柴，轻松地跟着，正在这时，从江面驶来一只木筏，载着小弟子和8捆柴，停在智者面前。智者问年轻人："怎么？对自己的表现不满意？"年轻人委屈地说："我一开始就砍了6捆柴，扛到半路，就扛不动了，扔了两捆。又走了一会，还是压得喘不过气来。又扔掉两捆，最后，我就把这两捆扛回来了，可是，大师，我已经很努力了。""我和他恰恰相反"那个大弟子说，"刚开始，我俩各砍两捆，将四捆柴一前一后挂在扁担上，跟着这个施主走，我和师弟轮换着担柴，不但不觉得累，反而觉得轻松很多，最后又把施主丢弃的柴捡了回来。"划木筏的小弟子接过话："我个子矮，力气小，别说两捆，就是一捆，这么远的路我也挑不回来，所以我选择走水路。"

从这个故事我们可以明显地看出，最努力的，并不是结果最好。中国有句古话，"竹篮打水一场空"就说得很生动，你用竹篮去打水，无论怎么努力，都不会打满水。很多时候，是你用错了方法，而并非努力的问题。由此可见，并不是所有不尽如人意的结果都指向努力不够，如果你努力了至今都不成功，并不一定是自身能力有限，只是说至今用过的方法都达不到预想效果。

努力很重要，但不代表只要努力便能成功。在生活中，很多时候我们都有这种感慨，似乎办法已经用尽，依旧对目前的状况无可奈何。执行力再强的人，也会阶段性地感到疲惫，此时并不需要过于强迫自己，而是需要考虑，目前是不是还有对自己来说未知的方法？

如果你只会用别人用过的方法，走别人走过的路，却不会去创新，去学习，去建立属于自己的鱼塘，当然会觉得方法用尽却无能为力。

与外界融合，决定了眼界谈吐人脉；与自己融合，培养了能力经验秉性。这些都是成功不能忽略的要素。在做某件事情时，要了解投入和产出的不平衡，衡量是否值得。放弃则放宽心，不要纠结。把时间和精力用在自己认为价值更高的地方，这才是方法之所以存在的意义。

六、思路无限：奇思就会有妙想

在 4A 广告公司，有一种最常用的工作方法叫"头脑风暴"，即每个人都被鼓励就某一具体问题及其解决办法，畅所欲言、各抒己见，从而产生尽可能多的观点，即便有些主意可能不会被完全采纳。

无限制的自由联想和讨论，其目的在于产生新观念或激发创新设想。因为在一个相对固定的群体中，比如企业、死板的课堂、乏味的政府会议，在群体决策中，由于群体成员心理相互作用、相互影响，易屈于权威或大多数人的意见，形成所谓的"群体思维"。这种群体思维往往缺乏批判精神和创造力，会大大损害决策的质量。于是在一些最需要创意的广告公司里，为了保证群体决策的创造性，发展了一系列改善群体决策的方法，头脑风暴法是较为典型的一个。

为什么头脑风暴会受到广泛的欢迎？其实头脑风暴的效用在于不同思路的融合。群体参与较之个体能够达到更高的创造性协同水平。那一个人该如何进行头脑风暴呢？答案是从不同的角度来进行有创造力的思考。举个简单的例子，曾经有个生产零食的厂家，需要完整的核桃仁，厂家就"如何使核桃裂开而不破碎"进行了一次小型的头脑风暴，大家提出了各种办法，但似乎都没有实用价值，甚至其中有一个人提出，"培育一个新品种，这种新品种在成熟时，自动裂开"，于是大家觉得这个想法简直是异想天开，毕竟他们是生产食品又不是植物学家，但是却有人沿着这个奇思提出了妙想，一个核桃被完好无损取出而简单有效的好方法：在外壳上钻一个小孔，灌入压缩空气，靠核桃内部压力使核桃裂开。

由此可见，无论看上去多么荒谬，但只要是个方法，就有其存在的价值。如果一件事情非常棘手，不妨换个角度，换个角色，甚至可以换个领域去思考，只要打开了思路，就会有新的方法。

归纳、小结以及延伸思考：

无论看上去多么荒谬的方法都有价值；

学会一个人进行头脑风暴；

抛弃常规领域也许会打开新思路。

七、相信到底：重复就是胜利

曾经有个美国的推销大师兼理财大师，在他正式退休前宣布：将在最后一次演讲中公开他事业成功的秘诀。这个消息一出，吸引了全球金融界的5000多位精英参加，许多人甚至不惜重金购票，只为得到传说中的秘诀。

演讲会上，这位大师一言不发，就推出了一个大铁架子，上面挂着一个大铁球，大师走到铁架前，拿起了一个非常小的锤子朝铁球敲一下，铁球纹丝不动。然后大师就这样持续不断地敲，下面的观众从一开始的哗然到骚动到陆续离场，大师还是静静地在同一个点重复一个动作敲铁球，终于，在不断敲击的累积作用下大铁球开始慢慢晃动了，这时候，台下只剩寥寥数百人。

大师放下小铁锤，走到演讲台问："你们谁能让这个球停下来？"这时候，上来几个观众费尽力气，也不能再让铁球静止了。大师于是开口说："这就是秘诀，简单的事情重复去做。以这种持续的毅力每天进步一点点，当成功来临的时候，你挡都挡不住。"

重复 21 天我们会养成一种习惯，一年会得其要领，三年会有所成就，五年成为专家，十年成为权威，十五年成为世界顶尖。

其实重复也是一种方法，周而复始的"重复"成就了自己的影响力，个人周而复始的"重复"可以提升自己的能力，找到自己的世界。尽管过程有痛苦和艰辛，但是"重复"的背后，本身就是一个不断融合的过程。

据说，除去有先天资源优势的，大部分成功人士都属于"非线型成功"。就是说，成就或财富的获得，不是线型匀速的累积，而是非线型的厚积薄发，即不断重复，坚持把一件看似简单的事情做好，开始往往见不到明显效果，但最后却能成就一番事业。戈培尔说："谎言重复一千遍就成了真理。"真理重复一千遍，或许便成了信仰。在行动的层面，有成效的"重复"是有前提的，那便是寻找到自己的世界，在自己的世界里重复努力。

有个很简单的例子，当你长跑的时候，经常在某个点会开始问自己"我跑到第几圈了？我还能不能坚持？我应该怎样坚持到终点？"其实这个时候什么都不要问，相信自己就可以了，不断重复，直到终点。

要怎样才能说服自己达到最终目标？答案很简单，如果改变一次行为或处理模式不能达到目标，那么再改变一次。

八、总有出口：不要轻率画句号

"没有办法"使事情画上句号，"总有办法"则使事情有突破的可能。

有一次，我和一名高中生聊天，他告诉我，学习成绩不好是他现在最痛苦的事情，他觉得已经到了无可奈何的地步。每个人包括他自己都在告诉他，应该把学习成绩搞好，可他觉得自己已经没有办法了。可是真的如此吗？于是我告诉这个高中生，没有办法，只是说已知的办法都行不通。很简单，当我们觉得很难的时候，就要问自己，是因为努力不够，还是方法不对？

和这个高中生一样，学习不好，是现状；无可奈何，是心态，其实二者都有可以融合的空间。于是我告诉这个高中生，相信"没有办法"对你没有好处，应停止想它；"总有办法"对你有好处，应该时时刻刻留在心里。因为，"没有办法"使事情画上句号，"总有办法"则使事情有突破的可能。

很简单，当你觉得已经"没有办法"的时候，不妨问问自己，这个"没有办法"是心态、情绪，还是事实？很多情况下，所谓的没有办法，只不过是由于一些事情存在利益冲突的时候，没有完美的解决方案，无法照顾到各种情况。

生活中遇到的任何困难，都不会把我们逼进死胡同，总会有一个出口，关键在于能不能找到，需要花费多少时间和精力去找到。往往眼前的困难是昨天的债务，而你所找到的方法则决定了明天的境况。

如何找到出口？很多人会说，鸡汤谁不会说，有时候，困难就是客观存在的，没办法破解。那么换一个思路呢？有客观困难往往是因为我们资本有限，这时候就需要去解决资本的问题而不是困难本身。"没有办法"的心态本身就是导致无法突破的一个根源。在生活中，经常见到一些人固执于某种行为或处理模式而同时又对效果不满，于是把责任推给他人或世上别的事物。有一些人则是经过数次的行为或处理模式的改变后仍无满意的结果，于是垂头丧气地回到最初的模式，或是干脆放弃努力，采取一个"认命"的态度。

其实，很多时候，出口并不是让你去绕过困难，这其实没有意义，能够绕过去的困难会在明天成为更大的困难，并且会制造另一个失败。因此，出口就是你所面临的困难的根源，找到根源，才能找到出口。

归纳、小结以及延伸思考：

事情发生了，自有其原因，接受并且分析；

相信"没有办法"对你没有好处，生活没有死胡同（不是没有办法，只是还没有想到更好的办法）。

世界上尚有很多我们过去没有想过，或者尚未认识的方法，你需要去找到它。

九、不要借口：路不通时可以破框而出

在《春秋》晏子的故事里，有这样一个情节，晏子是齐国的重臣，有一次出使楚国，楚王很不友善地想给他一个下马威，于是就让晏子钻狗洞进城，晏子说："好啊，到狗国就该钻狗洞。"于是楚王就不得不开了城门迎接晏子进去。

这其实就是一种思维方式的破框。楚王自以为给了晏子一个两难的选择境地，钻还是不钻？对于晏子来说，这两条路其实都是不通的，但是晏子却把问题抛给了楚王，认还是不认是狗国？这就是非常规应对。

经常有人说，某件案子、某个项目进行不下去了，无路可走。其实并非真的所有路都被堵死了，而是所有你尝试过的方法都没有取得效果。但是如果这件事重要到值得你继续努力，它就会逼着你去不断地多找一个方法，再多一个方法，再多一个方法……

很多人会感到不如意，内心充满疲倦、无力感、愤慨、无奈，甚至厌恶。其中的原因便是一些思想上的感知模式所控制的行为模式出了问题，指向了一个恶性循环，这时候就需要打破这个循环了。要打破这个循环，就需要改变感知模式，也就是所谓的"框框"。

举个例子，如果你今天回家的时候，发现路口被封了，你会怎么做？很多人都提出了三种方法，第一种是放弃回家的念头，第二种是坐在一边等待街道重开，第三种则是集中精力去找另一条路。

看起来这是三种方法或者三种选择，其实这代表了三种心态。如果是一个很想回家的人，他几乎不会考虑第一种和第二种方法，所以说重要的是你想不想回家，而不是这条路通不通。如果"回到家"是你的最大目标，你会一直尝试，如果第三条路也因水浸而封了。你会去找第四、第五或第六条路，直到你回到家为止。

不要为自己寻找借口，因为即使看起来是唯一选择，也会有 N 个思路。首先要相信，突破是有可能的，不要因未达到理想效果而妥协，应不断地去找寻新的方法。旧的做法既然无效，那就打破思想上的框框，建立积极有效的信念，使自己更快更轻松地达到人生的目标。

十、行为效果：新做法，新机会

　　曾经有这样两所学校，A 学校强调学习方法，始终把效率与学习方法放在第一位，而并非把时间放在第一位。而 B 学校，则是典型的题海战术，每日做大量的题，以量取胜。两所学校的升学率其实是差不多的，大部分时候 A 学校领先一点点，偶尔 B 学校也能略胜几次。但是却有个奇怪的现象，身在 B 学校的学生去了 A 学校，成绩往往能够提升，而 A 学校的学生去 B 学校却感觉不能适应，成绩一般都是下滑的。

　　为什么会有这样的结果？因为对于 B 学校的学生来说，他们只有一种学习方法，那就是题海战术，而当她们到了 A 学校，开始接触更多的学习方法，于是新的学习方法带来了新的成效，他们的成绩或者说结果变得更好了。我们说，任何新的做法都会比旧的做法多一份成功的概率，何况在尝试新办法的过程中，本身就会使自己想出更多的方法。

　　因为你想要新的做法，就会学会打破旧的自我习惯和行事原则。而打破本身，就意味着新的思路和方法。要相信无论你过去尝试过多少种方法，总有一种方法是你未知、未懂、未学、未想过的。

　　这时候就凸显出融合的意义了，因为没有两个人的人生经验会完全一样，发生在一个人身上的事，在另一个身上不会有一样的结果。与更多的人融合，就会带来更多不同的思路和方法。即使是同一个人，在每一分钟都是不一样的。如果你做的事没有效果，那么，换个方法再做一遍。让自己成为一个找方法的人，而不是没办法的人。

　　一个新的方法值不值得去尝试，只需要回答三个问题，若答案都是 Yes，那么你还犹豫什么？马上去做做看。这三个问题是：

（1）如果有结果，对我有好处吗？

（2）我想在很短的时间里得到这份好处吗？

（3）这些好处，是否符合三观的要求？

其实每一个人的信念、价值观和规条系统都在不断演变中，态度和行为模式也在不断变化。要想从已有的模式中解困，达到新的行为效果，就需要寻找新的机会，而新的机会，就在不断新的融合之中。

第八章　动机律：牵住牛鼻子

动机是对人设定目标起关键作用的心理机缘。有时候，你明显发现自己所设定的目标不利于与人和环境融合，但一时又转不过弯来，下意识地固执己见。这时候，要想调整目标，得从动机入手，只要经过思考，改变初衷，也就是改变动机，目标问题就解决了。

一、天性使然：需求是行为的原动力

思想支配行动。首先，我们会在脑海中出现一些想法，这些想法确定之后即为动机，下一步就开始为这个动机去付诸行动。每个人的行动最终都是为了满足自己的一些深层次需要，谁都不会漫无目的地去行动，这是人之常情。不是为了满足自己的需要去做事，等于走路没有目标一样，似乎让人感到无法理解。比如，旅游的目的是放松自己的身心，是准备以更好的精力投入到今后的工作中；工作是为了挣钱，是为了让自己的生活更美好……

当然，在行动之前，在大脑中还要制订一项具体行动计划。这项计划的结果如何，直接关系到人的融合力问题。毕竟，在计划实施过程中需要和人打交道，没有融合力，计划的实施就会遇到各种各样的困难；反之，如果自己融合力很强，不管什么人都可以搞定，那计划实施起来就顺利多了，理想的效果就会轻而易举地实现。

需求是人行动的原始动力。比如，饿了，就要想办法弄吃的；冷了，就会花钱去买衣服；青春的萌动开始后，男女就开始有恋爱的前兆。所有这些都说明，人的行动目的是为了自己的需求。在有了需求之后，接下来就要定计划，寻找目标，然后开始付诸行动，向目标努力。比如：饿了，我想吃什么？身上还有多少钱？如果身上没钱的话，是不是需要找朋友蹭一顿？需要找哪一位朋友……这就是在制订计划，而计划的实施效果直接取决于融合力。没钱找朋友蹭饭需要融合力，有钱去饭店吃饭同样也需要融合力。比如，有钱来到饭店吃饭说话气势压人，蛮不讲理："老子有的是钱，让你怎么做就得怎么做，不然就砸了你这饭馆！"这样去吃饭，恐怕要吃到派出所了。同样，融合力比较强的人来到饭店会说："您好，我想吃一份肉丝面，请问你们饭店能做吗?"用这样的口气，饭店即便没这种面，可能也会想办法给你做出来，这就叫融合力。

人所有行动的动力都来自需求，都是为满足自己的需要，这是人类的天性。不过，在实施行为的过程中，融合力的强弱直接决定事情的成败。融合力比较强，所有的事情便会迎刃而解，满意的效果就会出现；反之，融合力很弱，简单的事情也会办砸，也就是通常所说的不会办事。

二、向利而为：潜意识指令

俗话说：无利不起早。这句话非常简单地指出了人类的本性。的确，人的行为都是在为自己的利益去行动，对自己没有一点利益的事不会去干。即便是给人帮忙，同样是为了朋友之间的友情，是为了今后自己有事也能请人家来帮忙，也是一种利益。因此，人都是为自己利益去做事，这是千古不变的道理。

不过，人在自己所处的环境中，需要什么样的利益很重要。这种利益必须建立在当时的人文环境和自然环境基础之上，也就是需要和周围的环境相融合，这样的利益通过努力才可能得到。反之，不从自己所处的人文环境和自然环境出发，胡乱想出一些不着边际的想法，只能是痴人说梦。比如，一个人想发财，此人具备高深的金融知识水平，并且还身处一线城市，身边还有一帮身价不菲的亲朋好友。在这样的人文环境和自然环境中，只要他制定的计划合情合理，方法对路，发财的梦想是可以实现的，效果也会出现。反过来说，有人想发财，可他只是初中文化水平，而且还身处深山的小村子里，亲戚好友也都在穷乡僻壤。这样的人的发财梦想实现起来困难就大了，原因是这种想法和自己所处的人文环境和自然环境的融合力比较差。

因此，每一个人的行为，对其潜意识来说，都是最符合自己利益的做法，而这种利益，很大程度上取决于当时的环境，包括人文环境和自然环境。

人要和周围人打交道，需要在周围的自然环境才可以实现自己的内心动机，这就体现出人和环境的融合力强弱的问题。同样的环境里，融合力强的人可以实现自己的梦想，而融合力比较弱的人就难以做到。同样的例子，有人想发财，具备很高的金融文化水平，同样身处一线城市，还有一些身价不菲的好友，但如果人融合力不行，光想靠歪门邪道去发财，好友都不愿意帮忙，照样难以实现自己的发财梦想。假如一个人在深山生活，初中文化水平，亲朋好友也没有什么大本事，但此人融合力非常强，那么他的发财梦也有实现的可能。他（她）可以在深山特殊的土特产资源上"做文章"，凭借聪明才智，不仅自己能发财致富，还可以带动周围一大批人过上小康生活。

人需要和自己周围的人文环境和自然环境相融合，也就需要人有较强的融合力。

三、正面动机：主宰99%的行为

我们每天都会做出各种各样的行为，不管这些行为的结果如何，但每个行为的背后，都必定有正面动机。正是这样的正面动机主宰着人99%的行为，其中也包括一些反面行为。

每一个人在做事之前，首先要确定自己的行为是不是与周围的人文环境和自然环境相融合，也就是说，这样的行为在这样的环境中能不能做，做出来能不能得到理想的效果。从这个角度分析，这些行为都会有正面动机，只是有时候因为其他方面的原因，最终导致行为没有达到预期效果，或者因为动机和周围的环境没有融合，或者因为行为的计划不周密，最终行为失败。不过，值得肯定的是，动机往往是正面的，而且主宰着绝大部分的行为。

动机属于潜意识的层面，一般情况下不容易从行为和言语中表现出来，但隐藏的正面动机依然主导着绝大部分的行为。人的大部分行动，需要接受思想的指令，而思想还在萦绕着之前的动机，即这样的行为有什么企图，准备得到什么价值。

前几年一份杂志上曾经登载过这样的案例：有一个小偷在作案时被当场抓住，尽管小偷并没有偷走任何有价值的东西，可大家依然义愤填膺，不问青红皂白对小偷就是一顿乱揍。最终，伤痕累累的小偷还没得到审讯就先被送到了医院。当警察赶到后，小偷从病床上爬起来，随后不顾一切地抓住警察的手说："政府，求求你们救救我的妈妈。她在生病，我身上的钱都花光了，实在没办法才去偷的。我没经验，所以被抓住了。我认罪不要紧，可我的妈妈还在家里等我拿钱治病啊……"听到小偷的话，在场的人无不动容，大家开始一起捐钱……

小偷的行为是错误的，可其背后隐藏的动机令人感动。不过，小偷的动机尽管具备了极大的融合力，但其行为却和周围的人文环境和自然环境没有融合，所以才遭到大家那样的对待。当小偷无奈之下说出自己的动机时，其动机巨大的融合力最终让知情人纷纷出手帮助。这样一来，戏剧性的一幕出现了，小偷的行为尽管遭遇到了挫败，可其动机的效果依然实现：妈妈的病得到了医治，理想的目标实现了。

因此，人的动机基本都是正面的，只是有时会在行为上失当。

四、得益效果：反思动机的纯正性

有时候，人经过深思熟虑后，其行为竟然和周围的人文环境和自然环境格格不入，最终没有达到理想的效果。也就是说，自我感觉动机没有出现错误，但是行为却不能达到理想的效果。

造成这样结果的原因无非有两个：一是隐藏在行为背后的动机是不是纯正，二是在实施行为过程中出现了问题。有一方面出现问题，理想中的效果就不可能出现，动机的目标就不会实现。

比如，有人在当前职位上长时间没有得到提升，就想通过一些办法达到升职的目标。有了这样的动机之后，此人就开始考虑具体的方法。最终，此人想到了向上级行贿，并随后不惜重金贿赂上级领导，试图以此达到升职的目的。然而，事情最终失败了，理想的效果没有出现，升官的美梦破灭了。上级纪检部门及时发现了他的错误，随后给予他行政处分。

我们分析一下上面事例中失败的原因，首先此人应该反思其动机的纯正性。干工作是不是只为升职，这属于上级领导部门考虑的问题，自己应该做的唯有踏踏实实工作。只要自己工作出色，业绩突出，符合升职的条件，上级领导肯定会考虑其升职问题的。从这个角度分析，此人从个人角度出发想升职，动机本身就缺乏纯正性。另外，其行动方式没有采取让大家认可的、融合力很高的努力工作提高业绩，而是采取向上级领导行贿的方式，非常缺乏融合力。一经查出，没有人认可这样的行动方式。因此，其动机不纯正，行为方式没有融合力，因此不会得到理想的效果，失败是肯定的。

因此，在行动之前，要想得到理想的效果，首先必须要考虑动机的纯正性，只有纯正的动机才具有融合力，才可以最终得到理想的效果。正如上面的案例一样，其动机不纯，方法也不当，不会得到理想的效果。

分析动机的纯正性要从其融合力出发。只要想法和道理能够得到大家的认可，这样的动机基本是纯正的。不过，需要说明的是，一般人的动机都处于潜意识状态下，也就是说，动机的纯正性需要本人来判断，其融合力也需要本人来衡量。这么一来，很容易出现"当局者迷"的情况。正如上面的案例一样，其想升官的动机是不会跟别人说的，动机是否纯正需要本人判断，因此，就会出现错误的一幕。

五、接受动机：深层次的承认

每个人的动机几乎都是在潜意识状态下的，一般情况下不会轻易说给别人听。只有在深层次的交往中才可以从谈话中透露出来。这样一来，如果你接受某个人的动机，他就会感觉我们接受了他这个人。道理很简单，动机正如人暂时的灵魂一般，是其心中的真实想法，足可以在一定程度上代表这个人。只要接受了他的动机，那就说明这个动机的融合力发展到了这一步，就等于融入这个动机的"小圈子"里。下一步，认可这个动机的人就要为这个动机服务，为实现这个动机添砖加瓦。

俗话说："为人只说三分话，不可抛尽一片心。"一般情况下，一个人的动机是不会说出来的，只有遇到知己朋友、感觉到要实现这个动机需要这位朋友帮助时才会说出来。如果这位朋友接受了该动机，那就绝对属于深层次的承认，因为，接下来这位朋友就要帮助实现这个动机的效果。

此类的例子最典型的莫过于著名的马云团队：18 位"创业罗汉"。试想一下，马云创办"阿里巴巴"的动机是经过一番深思熟虑的，他自己首先在脑海中经过了论证，这个动机绝对是纯正的。可是，单凭一个人的力量无法实现这个动机，他需要一个精英团队，要让这些精英接受自己的动机，然后一起创业。于是，18位"创业罗汉"慢慢从内心真正接受了马云的动机，然后在"不向亲朋好友借钱"的条件下开始为实现这个动机做准备，他们筹集了50万元本钱。

为什么"不向亲朋好友借钱"呢？因为担心外人了解到这个动机，另外也担心失败。从这个角度分析，18位"创业罗汉"接受该动机绝对属于深层次的认可。这些人包括马云的妻子、之前的同事和患难之交，其中不乏被马云的人格魅力吸引来的业务精英。比如阿里巴巴的首席财务官蔡崇信，他为此放弃了一家公司给出的年薪75万美元的副总裁职位。如果没有从内心深处接受马云的动机，就不可能以这样的代价来支持马云。最终，马云的团队成功了，18位"创业罗汉"得到了理想的效果。

因此，在自我感觉动机纯正的情况下，需要让周围人从深层次接受这个动机，以此获得他们的支持。同时，这个动机必须具备巨大的融合力，不然大家不会认可，不会为了实现这个动机不惜代价。做到这一步之后，从内心深层次认可组成的这个团队才能步调一致，齐心协力为这个动机去奋斗，最终获得理想的效果。

六、将心比心：设身处地产生说服力

人都想实现自己的人生价值，于是就会在脑子里生出各种动机。这样的动机在脑海中经过一番深思熟虑和论证之后，自我感觉动机纯正了，下一步就要想办法实现。这就需要向周围人推荐这个动机，需要将心比心，设身处地，努力让亲朋好友接受它。只有让他们真正了解和接受自己的正面动机，下一步才可以引导这些人通过改变自身行为来为这个动机努力。

当动机形成之后要让亲朋好友接受，这就要求自己的动机具有融合力，否则，即便是再好的朋友也不行。说白了，这个动机会牵涉到大家的利益。只要动机能够实现理想的效果，大家都会从中得到好处，这才可以表明这个动机的融合力，只有在这种情况下，动机才会被大家认可，大家才可以不惜代价改变自身行为来为实现这个动机去努力。当这个团队都以"忘我"的精神为实现理想中的动机工作时，这个动机才有可能实现理想的效果，大家的利益才可以得到，目标才能达到。

比如，正在读大学的某人发现了创业的良机，想退学去创业。这样的动机需要得到家人、学校以及亲朋好友的支持和帮助。首先必须要设身处地地去说服家人，讲明休学创业的前因后果，争得家人的同意；然后再说服学校，让学校为自己创业提供必要的帮助；接下来还要组建自己的团队，让团队的每一位成员放弃之前的生活、工作轨迹来为实现这个动机努力。做到这些，需要做很多人的思想工作，要让很多人认可自己的动机并支持它。反过来说，假如这个动机不纯正，或者没有融合力，涉及不到大家的利益，那就不会得到大家认可，大家更不会舍弃之前的学习生活轨迹来支持他。

因此，纯正而具有巨大融合力的动机要想得到周围人的认可和支持，必须要将心比心、设身处地说服周围人，要让他们明白，加入这个团队，可以实现比现在更高更好的人生愿望，只有在这样的前提下，周围人才会舍弃现在的环境来加入你的团队。这需要一个过程，需要这个动机具有强大的吸引力和说服力，才可以让周围人加入，为共同的理想去努力奋斗。

七、潜在动机：冥冥之中的向往

古语说，事以密成。因此，处于潜意识层面的动机人们一般情况下都不会随便说出来。首先，内心的动机随意说出，倘若得不到别人的支持，动机就会外泄，甚至有野心的人还会利用这个动机为他人服务。

因此，经过深思熟虑后的动机是具有价值的，其融合力的大小直接决定了其价值，可以通过具体行动将虚拟价值转化为某种政治价值或者现实中的钱财。这需要一个过程，需要很多人为此付出艰辛和努力。当然，这样的动机最好能够自己通过努力完成。不过，很多动机是无法独立完成的，这种情况下，就需要对周围那些可能愿意认可的人进行详细的分析，只有实现动机所必需的人，而且此人非常认可这个动机，并愿意放弃自己现在的生活轨迹，愿意加入到实现动机的团队当中，只有这样的人，才可以向其说明动机，争取他的加入。

这一点在当今社会中有着很好的体现。比如，很多公司都有自己的商业机密，并且还为此制定了公司的保密协议。公司职员即便是解聘了也不可以随便向其他公司泄密，否则就会负担相应的责任。其中，公司不便外泄的商业机密在一定程度上就代表着公司的核心动机。正是这个动机，让公司的所有员工舍弃原来的生活轨迹加入到了这个团队，所有员工都会将自己的人生梦想与这个动机联系在一起，并且都在为这个动机尽心尽力地努力，希望能实现理想中的效果，实现自己的人生价值。反之，如果公司的真正动机或者商业机密随意向外人透露，那后果可想而知。

生活中，个人的动机更属于潜意识层面，一般情况是不能随意说给别人听的。如果内心真正的动机随意泄露给别人，说不定会对动机的效果产生不利的影响，最终会让本来可以实现的梦想效果付之东流。

所以，古语"事以密成"绝对是有道理的。心中经过深思熟虑的动机，它只能以潜意识的状态存在脑海中，除非到了必须要说的时候才可以泄露。从个人隐私，到国家的政治玄机、军事机密，都属于内部动机，都具有强大的机密性，一旦泄露出去，将会对个人声誉、国家利益造成无法挽回的损失。

八、价值标的：行为的企图

一个人或者一个团体都有自己的内部动机，都在围绕着这个动机去工作、去努力。个人的动机属于个人隐私，团体或公司的核心动机属于商业机密范畴，动机如果随意向外人泄露的话会造成巨大的损失。从这个角度出发，个人或者团体在同行业竞争过程中，有时候需要击垮自己的对手，于是，很多人就会想到了解对手的隐私或者商业机密。能做到这一点，自己的竞争对手基本就可以被自己牵着鼻子走，进而就可以稳操胜券了。因此，如何从日常生活中寻找、发现竞争对手的真正动机成为战胜对手的法宝之一。

从本质上分析，一个人的动机，一个团体的核心动机都和其目标效果有直接关系，最终的目标都是为某种利益，包括政治利益和商业利益。因此，要想寻找其行为背后的动机，最容易的方法是探寻这种行为企图得到什么价值，毕竟这才是对手的真正目的。从这里入手，然后顺藤摸瓜，再加上自己缜密的思维判断，最终可以将对手的真正动机一览无余。

这样的例子有很多，比如在著名影视作品《智取威虎山》中，解放军从很多敌特务的口中得知，威虎山上土匪头子座山雕非常需要得到《先遣图》，原因是，如果他得到这张图就可以统领整个东北地区的国民党地下武装人员。我军了解到这个情报之后，就派杨子荣拿着《先遣图》来到了威虎山，取得了座山雕的信任，最终解放军里应外合，铲除了威虎山这个土匪窝。

这个情节是我们都非常熟悉的，如果解放军事前没有通过侦查、不了解座山雕非常想得到《先遣图》的动机，也没有从敌特务手里得到《先遣图》，那样的话，即便是杨子荣再能言善辩也得不到座山雕的信任。因此，这次作战之所以能够取得胜利，最终得到理想的效果，正是由于解放军事前掌握了座山雕的真正动机。

因此，和对手竞争，需要了解对手的内心动机，就需要从其最终的目标考虑。上述例子中，解放军事前了解到座山雕有掌控东北国民党地下军的野心，断定座山雕的真正动机就是非常想得到那份《先遣图》。解放军指挥部在此基础上才定下妙计，最终达到了消灭威虎山土匪的目的。

只有了解了这个原理，才可以了解到行为的企图，最终掌握对手的真正动机，才可以为理想效果的实现打下坚实的基础。

第九章　资源律：互利互惠共赢

其实一个人与他人以及与环境的融合就是对资源的获取和交换的过程。弄清楚自己的个人资源，遵守个人资源的获取规则和交换规律，才能与环境和谐相处、与人有序竞争，才能实现互惠互利且共生共赢的融合。

一、愉悦能力：每个人都可以快乐

其实，每个人周围都会有一种"磁场"，这种磁场会让你和周围的环境发生奇妙的化学变化：那些天性开朗快乐的人，总是显得比别人幸运。武侠小说大师古龙说过：一个爱笑的女孩，运气总不会太差。其实，仔细探究你会发现，好的情绪是一个人与世界相处的最佳资源。快乐的人把这种资源用到了极致，所以他会显得幸运；一个愁眉苦脸的人，恰恰是无视或舍弃了这样的资源，才陷入一种与他人、与环境融合的恶性循环——试想，谁愿意和一个看起来对什么都不满的人多接触？而很多机会和人脉，也因此消失了。

也许有人说了，这世界上，哪一个人不希望自己过得快乐呢？但现实常常事与愿违，并非每一个人都过着自己想要的生活。快乐真的很难吗？

有时候包袱太过沉重，前行时不免举步维艰，因此，我们不开心时，不妨考虑一下，我们是不是要放弃一些东西，放低对自己的要求，直面生活，探求一下不快乐的根源？

要想得到快乐的秘籍，我们要注重以下几点：

首先，发挥你的主观能动性，用心的人才会得到快乐。我们要明白，快乐不是从天而降的馅饼。它不是别人的馈赠，更不是你拥有的权力。你要主动出击，才能觅得它的端倪，当你清楚要靠自己的努力才能得到快乐，你就在通往快乐的路上启程了。敢于挑战一个新的自己，在突破自我的过程中，享受获得胜利的喜悦。而在这样的过程里，你的积极努力会带来意外的收获。

其次，不要只做横向对比，也要做纵向比较。我们在做事情时，不要把目光老放在别人身上，给自己太大的压力。我们在别人的光环里追逐，老是觉得自己没有一样比得上别人，那样只会唉声叹气，毫无快乐可言。同时在潜意识里，你会显露出对周遭优秀人物的敌意和冷漠，这更不利于你自己的发展。要记住"天外有天，人外有人"这句话，竞争无时不在，无处不在，而你需要做的事就是充分认识自己的优点，尽力去做每件事，有一点点进步就给自己鼓掌。相信你的未来只会越来越好，快乐自然如期而至。

再次，用心对待周围的一切。如果你是一个热爱生活的人，如果你善于观察周围的人和事，你的视野也会变得开阔。如果你只为自己活着，你眼里将会只有一片方寸之地，你的处境也犹如井底之蛙。付出真心，便能收获快乐，更能收获最广的人脉资源。

最后，要提醒一点，过于自信和过于悲观都是快乐的杀手。太过自信的人总会过高估计自己的能力，一意孤行，不会在意他人的想法，自然不受欢迎；而过于悲观的人总是夸大困难，面对机会望而却步，不敢迈开腿，也让人难有与其共事的欲望。只有让自己开心，也让别人愉悦的人，才能在各种环境里如鱼得水，左右逢源。

二、人之潜能：待开发的金矿

人要想尽快融入环境，那必须注重自身潜能的开发。世界上并没有完全相同的两个人，但是每个人身上都有与生俱来的一个秘密武器，这个武器就是潜能。人的潜能就好像一座待开发的金矿，蕴藏着无价的财富。懂得开发自己潜能的人，比只会怨天尤人的人更能拥有精彩的人生。

在职场中有个很发人深思的案例：某公司的员工，从公司成立之始就为其效力，一直待了十年。他的薪资从每月几百元涨到年薪10万元。但他听闻刚来的一个新员工年薪就 12 万元了，于是愤然跳槽。但是投了很多简历，对方最高只愿给他 5 万元的年薪。他百思不得其解，就问面试官，自己本来就年薪 10 万了，为什么越来越低？面试官告诉他：你的价值其实年薪 4 万元就够了，你原来老板给你 10 万元，其中 6 万元是因为你的忠诚。我多加 1 万元，也是欣赏你的忠诚。除此，你十年来，能力和当初没有任何区别。

故步自封，不懂开发自身潜力，你永远不要奢望能在新的环境里有所发展。那么，如何发现并挖掘自己的潜能呢？

首先，我们要从心里相信潜能确实存在。潜能，顾名思义，是一种潜在的能力，但我们不能因为它看不见摸不着而否认它的存在。由于大多数人还不清楚它神奇的力量，没有进行系统的潜能训练，潜能大多数时候都没得到充分的发挥。

其次，我们相信它确实能带来神奇的效果。经过科学家论证，人要在四分钟跑完一英里没有可能，它超越了人类极限。可事实是，罗杰·贝尼斯特竟在 1954 年推翻了这个论证。更让人意想不到的是，在后来的两年里，又有多名运动员打破了这个纪录。这就告诉我们，人类的潜能可以带给我们不断的惊喜，理论上的东西是可以被推翻的。你不但要相信潜能的存在，更要相信它能带来意想不到的结果。

最后，潜能在每个具体的人身上都有。一个正常人的大脑和一个伟大科学家之间，不存在天壤之别。不同的只是用脑方法的差异，而这个差别不是一道天堑，从理论上来说，人大脑的潜能是取之不竭的，只要我们方式得当，这种差别可以被忽略的。所以不要再为自己不够优秀而找借口，不要再把错误归结于你脑子笨。

古人说"酒香不怕巷子深"，一个人在社会中也是如此，如果你充分发掘自己的潜能，有他人替代不了的价值，你就能为他人为社会提供更多东西。

在这样的情况下，融入社会是非常容易的事。从古至今，有太多自命不凡的人在故步自封中"不得志"，浑浑噩噩度过一生。所以，用积极的态度对待事情，善于开发自己的潜能，在行动上、思想上做一个主动的人，你会发现自己被更多人所需要，你才能拥有财富和精彩的人生。

三、天赋资源：浪费等于缩短生命

古往今来成大事者，都是资源利用的高手，无论是自身的天赋资源还是积攒的人脉资源；无论是外部资源还是内部资源，无不让其功能发挥到极致。比如古典名著《三国演义》里的刘备，虽以编草鞋起家，计谋不及诸葛亮，武力不及关羽、张飞，但因其能利用各种条件来促成自己的事业，而最终建立蜀国。

其实每个人都有可以利用的资源，作为奠定财富或者成功的基础。我们经常会发现，你身边某个人，无论在人格、修养上，还是在道德、学问上，所达到的程度都不是很高，但他却有办法最大限度地利用各种资源来达到自己的目的。有些人其貌不扬，看似没有什么能力，可他就是能获得你不能企及的东西。

这其中蕴含的道理很简单：这些人利用资源的能力比你强，在对生命进行创造时的效率也比较高，所以他成功了。

一个人可以利用的资源分为三类：首先是个人天生的资源，比如那些外表非常漂亮的年轻人，很多都去了电影学院，将来可能是影视明星；而那些天生身材高大的人，可以凭借先天优势成为篮球运动员。这些所谓的先天资源，是有独特性的，天生如此，谁也拿不走。其次是家族资源，比如一个人家里是经商的，那他做生意时就比别人能更轻易得到一些经验，也许这些经验是很多人需要十几年的摸爬滚打才能得来的。最后是通过学习获得的资源，比如你在某一方面勤奋刻苦，就有可能成为该领域的顶尖人物，获得他人不能享有的资源。

无论是哪种资源，都有助于你在竞争环境里游刃有余。不要刻意去分资源的好坏优劣，而要明白你所拥有的资源一定是要有价值的，被他人所需要的。我们说竞争都是激烈的，但是那些有优势的人，永远不会担心第二天会被老板辞退。

芸芸众生，没有多少人是天赋异禀，大多都是普普通通的。那些没有先天优势，要借助后天的不断进步提升自己价值的人，如何在社会中提高地位？这个问题的答案其实就是开篇我们提到的三国时期刘备的案例。在这里我们要提到一个概念，叫资源交换。

一个地位不高的人要想成功，必定要经过资源互换过程。所谓的共享资源，指的是所有人都有可能得到的资源。当时的关羽和张飞非常勇猛，声名远播，在群雄四起乱为王的年代，他们是领袖们都想找来做朋友的人物。刘备用以换来两位悍将的资本，就是本身所具有的"义"。这种天生（或者是后天习得的）的独特个人资源，也笼络了包括赵云、诸葛亮等在内的一干人才，奠定了建立万世基业的基础。

细细算来，能达到这样境界的人很少。因为很多人在建设自身资源时，并没有竭尽全力，而在交换资源、共享资源时，因提供不了什么有价值的东西，也不能引起别人的关注。所以，好好发现你所拥有的资源，并合理利用，才是你成功的重要砝码。

四、改变思想：解放资源

很多人看到别人的成功，会说：那是因为他们有先天优势，比方说家里经济条件好，有不错的社会关系等。这种说法固然有一定的道理，但是经不起仔细的推敲。因为在相同的境遇下，有成功者，也会有失败者。而失败者失败的原因各种各样，共同的特点就是：思维过于僵化，不思变通。上文也提到过，每个人都有潜在的或直接的资源，有些人能看到，有些人却视而不见；有些资源虽然不是可共享的，但是经过竞争你也可以得到，但有些人努力争取，有些人却望而却步。人的一生能不能顺利实现自我目标，在于能否对各种资源进行占据和利用，从这个角度讲，资源决定人生。所以，如何占有和利用各种资源，是需要动一番脑筋的事情。

思想上的解放就意味着改变，要改变就必须从思想上先认可。要想实现一个目标，我们要先转变观念，只有认可了一件事，你才会不戴着有色眼镜看待它，眼光放对了，再付诸行动。这与我们平时说服一个人的时候是一样的，他首先要接受你的观点，否则根本没有进行下去的可能。生活里有太多人，过了五年、十年，你去问他，"还是老样子"怕是很多人的回答。而反观他身边的一些人，则在成功的路上走了很远。为什么会这样呢？因为前者在利用或者创造资源方面，是非常被动的，他们观念老旧，从心里排斥改变，即便是机会到了眼前，还要三思再三思，直到错过。不思进取，安于现状，在他们这些观念的引导下，过再长时间还是会像现在一样寸步难行。

改变就意味着放弃原来的自己，你是否准备好了？改变就是和过去彻底告别，你是否有战胜自己、战胜困难的决心？改变并不一定能获得成功，有时候是无数次的失败。失败并不可怕，可怕的是你没有一个坚定的信念。是越挫越勇，还是一蹶不振？如果你选择前者，把失败当成经验，把挫折作为指路明灯，你就会获得成功；反之，你就无法实现自我，永远留在原地。

改变要想成功，就不要贪图捷径。改变要想获得别人的肯定，就不要重复别人走过的路。在一些众所周知的范围内，要想出类拔萃，实在是难上加难。只有具有勇于探险、敢做领头羊的人，才能取得出人意料的成就。比如诺贝尔奖，就是为那些在未知领域取得突破的人而设立的，他们属于大无畏的时代先锋；还有国家专利奖也是给"吃螃蟹的第一人"点赞的。假如你不愿做个平常人，那就不要走寻常路。去一些未知世界探险吧。

改变要看最后的结果，通常那些头脑灵活，会随机应变，并能坚持到底的人笑到最后。在与他人、与自己的竞争中，也许你一开始并不是很顺利，可能会有些异样的声音，如果你过早放弃，就错失了成功的机会。而事实上，那些领先的未必能获得最后的胜利，相反，那些坚持到最后不放弃的人摘得了桂冠。因此，笑到最后的笑容是最甜的，它是由心底发出的。

五、缘即是源：缘分在天，取舍由你

毫不夸张地说，人生的每个转折点，都是由一个个选择促成的。一个好的选择会让你受益终生，一个坏的选择则会让你一蹶不振。其实，我们生活的每一天都需要你做无数个选择，会选择的人看起来总是生活得举重若轻，左右逢源。

上天从不吝啬给每个人的机遇和缘分，关键是在选择面前，你是不是有果断的魄力和会选择的能力。

有两个同届的研究生，他们的导师收了一个韩国的学生。这个韩国学生的汉语不是很精湛，做起研究来有些吃力。导师就让两个中国学生轮流给韩国学生做课文辅导，专门教韩国学生汉语。中国学生甲和乙都非常认真负责。时间久了，甲就抱怨这个韩国同学耗费了自己大量的时间和精力，而乙在苦恼之余，萌生了一个大胆的念头：趁此机会，让韩国同学教自己韩语，并让他提供一些韩国研究本学科动态的资料作为双方学习语言的教材。

两年过去了，甲同学除了吃了无数顿韩国同学请的大餐，没有什么收获；而乙同学不但学会了韩语，还用韩国同学提供的珍贵资料完成了论文，并受到韩国某大学的青睐，顺利受聘于该校任教。

这个案例里面，就体现出一种善用机会和缘分的智慧。这个善于看到事情另一面甚至另外几面的学生乙，在新的人生道路上一定会有更大的发展。

人的一生将要面对很多事情，谁都想做自己喜欢做的事情，可是有的事情并不是做了就会有好的结果，相反还会带来一些烦恼。但是，那些懂得取舍，善于从逆境中寻找机会的人，才会更好地利用别人看不到的资源，暗中提升价值，融入更高一级的环境。

人生不是一池没有涟漪的湖水，有时也像波涛汹涌的大海。我们是选择用坦然的心态面对生活中的磨难，还是选择蜷缩在一处安全的港湾？这点尤为重要。要选择冷静而不是冲动，选择坦然而不是埋怨，选择友爱而不是仇恨，选择思考而不是盲目，选择希望而不是失望。把挫折当磨炼，把嘲笑当动力，勇敢前行的人才会成功。

人生中出现的一切美好，我们无法照单全收。因此我不必羡慕别人的成功。你的经历只能自己选择，你的路也只能自己来选择。你所拥有的，别人未必有；你所希望拥有的，也不能强求。"临渊羡鱼，不如退而结网"，只有你选择努力，运用智慧，把别人所摒弃的缘分珍视起来，把别人不用的资源利用起来，才能韬光养晦，日后才能够于无声处听惊雷，取得让人意想不到的成就。

六、一物多面：绊脚石也是垫脚石

有句话讲，人生不如意之事十之八九，这说明不如意的事情在我们的生活中占的比例不算小。那么，面对生活中出现的各式各样的烦心事，我们要如何对待呢？

困难来临的时候，不同的人有不同的态度。而这不同的态度后面会得到不同的结果。胆小的人遇到困难想到的首先是困难，这种前怕狼后怕虎的态度的结果是，要么得到一点甜头就收手；要么不去尝试，直接举手投降。勇敢的人首先想到的是有什么解决办法，在解决过程中不怕困难，勇于挑战，最终能享受到成功的喜悦。因此，是把困难当绊脚石，还是垫脚石，是因人而异的。而你得到的结果，也是天壤之别，把困难作为垫脚石的走向成功，把困难当成绊脚石的走向失败。

因此，在面对困难时，我们要有一个正确的态度：

首先，困难对一个人的影响是两方面的：一方面，困难能够促进一个人的成长，可以锻炼人的意志，帮助人积累经验，而这些是人生最宝贵的财富；另一方面，困难阻挡人追求进步，给个人的身心带来一些不良影响，让人生的道路变得坎坷，成为人成长的障碍。

其次，我们要以辩证的眼光看待困难。困难有两个方面的影响，我们要全面地看待，既要看到它给我们解决问题带来的不好影响；也要看到在解决过程中，对人们的意志方面的锻炼，它能激发人的创造力。

要想解决困难，有一个正确的态度是前提，我们也要了解面对困难我们要做些什么。

第一，要有战胜困难、勇于进取的品质，如果你面对困难时，还没开始交手就落荒而逃，就谈不上解决困难了。有道是"狭路相逢勇者胜"，你每前进一步，对手就向后退一步。

第二，要有一个积极、乐观、自信的生活态度。在你开始处理一个难题时，要有一个良好的心态。在进行的过程中有难处，要想着你一定行，先吃下一颗定心丸，而不是犹犹豫豫、患得患失。还要始终保持一个乐观的心态，任何时候都不要丧失斗志。

第三，要正确对待事情的结果。"神仙也有打盹的时候"，何况我们是人，我们的能力是有限的，也就是说，我们都希望心想事成，可同时我们要有接受失败的心理准备。当我们遭遇失利时，不要自暴自弃，一蹶不振，"失败是成功之母"，我们把它当作垫脚石，好好地分析原因，把它变成经验，成为我们的财富，继而用它铺成通往成功的道路；在我们成功时，不要骄傲，不要因为一时的成功而盲目自大，从而不去追求更高的水平，这样你就会故步自封，无法取得更好的成就。

总之，我们要把困难当成垫脚石，而不是绊脚石，这样我们才能活得精彩，才能获得更好的回报。

七、能量累积：慢慢来

在做一件事的时候，你或许具有一往无前的气魄，但你未必有等待最后结果的耐心。也就是说，不是你努力了，就会马上获得成功。有的事情往往是百转千回，等待的过程也是付出的过程，你要不断地推翻自己，不断地迫使自己清醒，才能最终到达胜利的彼岸。

我们常说的"心急吃不了热豆腐""一口吞不下一个胖子"，很好地给我们解释了这一道理，遇事不要心急，要慢慢来，这样才能很好地完成一项工作。

有这样一个人，他在做事的时候屡遭惨败，为此他特地向智者求教。智者给了他混着装的黑白芝麻让他于晚上分开，第二天给他答案。这个人回家拣了一会儿，就失去了耐心。第二天他对智者说："把它们分开太费劲了，你还是直接说结果吧。"智者轻笑说："我已经给你答案了。成功就如同把芝麻分开，需要耐心。而你缺的就是这个。"年轻人深受启发，而后执着地追求目标，最终取得成功。

当然，我们在等待成功到来的过程中，需要的不仅仅是耐心。我们要把这个过程当成一个提升自己能力的过程，可以利用这一时机广泛地收集信息、学习各种技能，以提高自己的水平，一旦量变达到了一定程度，你就会有一个质的飞跃。

在等待成功的过程中我们要谦虚，应注重与他人建立良好的关系。落井下石是人天生的劣根性，当你遭遇困难时，有的人可能暗自高兴，期待你一蹶不振。这时你不要为此而苦恼，反而要更谦虚，微笑面对一切，这也是生活的馈赠，它教会你坚强和豁达。

在追求的过程中，要时刻保持旺盛的斗志。也许，我们会遭受一时的失利，可还要坚定信心，不断进取。人心里一旦没了信念，那希望的火苗就会熄灭。我们要做给那些冷眼旁观的人看，让他们对你刮目相看，我们也要给自己看，自己不是那么不堪一击的胆小鬼。

通往成功的路是一个艰辛的过程。前辈走过的足迹还历历在目。让刘备不惜三顾茅庐的诸葛亮，人人都看到他的运筹帷幄、神机妙算，那是在他隐居时，通过种地、学习、观察时局一点一滴积累得来的；"杂交水稻之父"袁隆平的研究成果举世瞩目，那是他花费了大量的时间，不断奔走于田间地头，日复一日地在一簇簇植物中观察、探索得来的，从外表看来，他和一个老农毫无差别，如果不是人介绍，你可能不知道他是享誉世界的科学家。因此，踏着前辈的足迹前进，你并不是孤单的。

总而言之，不管你有着怎样的梦想，想要实现他，总会有这样那样的问题等着你，你耐得住寂寞，有不达目的誓不罢休的精神，最终一定会得到很好的回报。

八、自作自受：no zuo no die

那个人和别人有说有笑，见了我就拉下脸来，有毛病吗？我的能力和张三一样，领导却偏偏对他委以重任，他是不是暗中送礼了？

这是一类人典型的思维：遇到一些不如意的事情，先把责任推到别人头上，从来不审视自己到底有没有被他人所接受。你觉得别人故意给你黑脸，于是去问个究竟，结果是那人不黑脸了——以后再也不搭理你了。你觉得领导重用了张三，就去问个究竟，结果是领导告诉你，下月不用来上班了。

所谓不作就不会死，就是这个道理。

其实有时候抱怨就像一根刺，你抱怨的话一出口，肯定会伤及他人；即便是没有针对某人的抱怨，也会令人不悦——谁没事儿喜欢听人在那里怨天尤人呢？这种思维和为人处世风格，无疑在自己周围竖起了一道无形的墙，阻拦了和他人的正常交往，也阻断了自己和环境相融的道路。

所以细细算来，你为这样行为付出的代价，远远超过你所抱怨事情本身。遇到事情先找自己的原因，才是减少愤懑、消除困扰的最好途径。

首先，你要接受一个事实，无论你做得有多好，也会有人质疑你，有人误解你。这是在社会上必须要经受的考验，甚至可以说这本身就是一件正常的事。你的愤愤不平，来自于你认为它"不正常"。泰戈尔说过这样的话："只有经历地狱般的磨炼，才能练出创造天堂的力量。"即便你做对了，是不是做得还不完美？他人的误解需要辩解还是静待时日让清者自清？我们都知道负荆请罪的故事，那是对误解的最好处理方式。所以，用平和来对待这些磨炼吧，人生贵在磨炼，我们要珍惜每一个磨炼。磨炼会使人自我反思、自我诊断、自我激励。经历过磨难，你才能变得更灵活；经历过磨难，你才能越来越坚强；经历过磨难，你的心胸才能变得更宽广；经历过磨难，你的人生才能多姿多彩；经历过磨难，你才会觉得幸福来之不易。

其次，在对待你认为的不公平事件上，有多一事不如少一事的心态，事情自然就大事化小，小事化了了。事实上，从古至今，世界上不公平的事情太多了，谁不会遇上几件？能化解的尽量化解，这样不会形成"踢猫效应"，因为一件小事，得罪了一大帮人，进而耽误了你的大事。因小失大的事太多了，所以古人说"成大事者，从来不拘小节"。

最后，在处理一些麻烦时，要有成本意识。你争一时之气，会浪费多少时间？浪费多少精力？失去多少人脉资源？如果为了发泄你一时的愤懑，而花费了大量的时间、精力，那就大可不必去做了。

这个成本，你真的没必要浪费。

九、消极心态：损耗资源的恶手

消极心态是指由于受自身或外界条件的影响，对自己产生不满，从而造成信心不足，由于它形成于社会生活里，因而对人的社会生活产生消极影响的心理状态。消极的人看什么人都不顺眼，做什么事都不顺心，无形中就丢失了很多资源。所以，要想在社会中有所建树，那建设一个积极乐观的心态，是非常必要的。

积极心态，顾名思义是和消极心态相对立的。在我们的生活中，假如你的积极心态占了上风，那么就会促进你进步，使你身上的优点迸发，让你朝着好的方向发展；反之，假如消极心态占主导，它将是你前进路上的阻碍，使你的负面情绪主导你的生活，让你朝不好的一面推进。

大多数情况下，人的消极心态都是由一些暂时性的因素造成的，比如有些人因一些不良因素影响表现出来的自私、冷漠。可是，这些暂时性的消极状态如果任由其发展，达到一定程度就会变为相对稳定的心态。对他们今后的生活、学习、工作等各方面造成不好的影响。因此，当有一些小的不良情绪出现时，我们要有意地加以疏导，避免日积月累，形成质变。

可以说心态掌握着我们命运的脉搏，消极心态会把你引向失败、忧愁与痛苦等不健康方向；而积极心态则将你带到成功、愉快、幸福的天堂。一个人的心态，决定了他成功与否。无论自身有何缺点，环境是多么的恶劣，请不要忘记保持一个乐观向上的心情。我想没有一个人愿意承受痛苦，拒绝幸福。因此我们要锻炼自己的性格，虽然不容易，但值得你付出全力。

为了拥有一个乐观的心态，我们要做到：

让自己变得自信。自信让人奋发向上，促使人进步；而自卑让人畏畏缩缩，踌躇不前。我们要剔除自卑的根源，做个相信自己的人，勇敢地对自己说出"我能行"。

在困难来临时，勇于挑战。有句话说"失败乃成功之母"，只有经过风雨的洗礼，你才能拥有展翅高飞的能力。战胜困难才会让你的信心倍增，不要做"语言的巨人，行动的矮子"。

要拥有一个豁达的心胸。人生中的苦涩，只是生活的一个味道而已，不管你经历了什么样的考验，只要想得开，保持乐观的态度，就没有什么可以拦住你。乐观地待人、待事、待物，你的生活就会充满希望和快乐。

人生中没有绝对的绝境，在坏的环境里依然努力追求成功的人最可爱，也最令人敬佩。在我们不能改变处境的时候，我们可以选择改变自己，用强大的思想武装自己，用勇敢的行动证明自己。我们不能选择生活，但我们可以选择以何种方式生活。虽然过程很累，但却有着无穷的乐趣。

因此，我们要学会用积极的心态对抗消极心态，只要有一点点收获，就会如星星之火一般，你乐观的情绪会慢慢呈现出燎原之势，照亮你前进的道路。

十、缺乏自信：抓不住机会

自信与成功有着不可分割的关系。通往成功的路不只一条，但如果你没有自信，在机会来临时犹犹豫豫，那你极有可能与成功擦肩而过。反之，如果你信心十足，就能牢牢把握每一次机会，成功就会离你越来越近。

自信的人生活态度是乐观的，乐观的人都是积极向上的。他们大都认为自己"可以""不会输""值得一试"。心里确信人们能够喜欢自己、包容自己，不会因为自己的一点失误或不足而看不到自己的长处。很多事实也证明，乐观的人更容易成功，即使遇到些坎坷，也不悲观失望，而是尊重事实，坦然面对。因此，自信的人更容易获得快乐，同时也会让他周围的人感到快乐。不过要强调一点，真正的自信，应该是建立在实力之上，而不是假大空。只在嘴皮子上下功夫的人，一般人们在看透之后，就会敬而远之。

与自信的人相反，那些自卑的人常常在悲观绝望里不能自拔。在他们眼中，自己的哪怕一丁点的错误也是十恶不赦的，他们普遍认为自己"愚蠢""一事无成""没有人会肯定我"。由于认识的错误，他们的心理极其脆弱，遇事总爱朝坏的方面想，不仅自己不快乐，让周围的人也感到压抑。更为糟糕的是，自卑的人不一定是不行的，但是信念方面的缺失，让他们常常陷于有能力去做而不去做的泥淖中，这是最可惜的。在工作和生活中，即便是领导或者他人觉得你有能力，也不一定会愿意和你合作。第一，他们需要用大量说服性的语言来让你有信心，这是很耗费时间的；第二，他们需要让你看起来乐观开朗一些，不然整个工作的氛围都是压抑的；第三，他们要承担你随时可能因自信不足而退出的风险。

其实，每个人都会遭遇大大小小的失败，失败在生活里是难免的，我们要用怎样的态度去对待它呢？我们都知道的一则寓言《塞翁失马》里的老人，给我们做了一个很好的榜样，他对挫折的态度总是显得很豁达，不为一时的好坏得失而困扰，始终保持着良好的心态。正所谓"祸兮福所倚，福兮祸所伏"，懂得用辩证的观点对待问题，你才会站得高，看得远，同时分析问题时才不会有失偏颇。

自信的人，在机会来临的时候，会积极地去辨别，这是通往成功的起点；悲观的人，不主动出击，有时还没出发就已溃败。在机会到来时，不要做那个吃不到葡萄的人，葡萄的滋味是酸是甜，努力过的人才会知道。因此在机会到来时，我们要充满自信，积极采取行动，那么很多看似复杂的问题都会变得简单，如果你被自卑捆住了手脚，在别人成功时，你只有眼红的份儿。

我们经常会对别人说，愿他快乐、幸福等，事实上，我们都知道这仅仅是童话王国里才会实现的。我们每个人的人生都避免不了这样和那样的烦恼，你是积极面对，还是一味地退缩，如果你是一个渴望成功的人，我想你心里已经有了答案。

第十章　灵性律：智商不是智慧

　　知识、智商、情商和智慧，这几个概念的内涵区别很大，尤其是知识、智商和智慧。知识是人们对经验的总结，智商是掌握知识的工具，而智慧则指谋略。有的人学富五车，却是书呆子。有的人智商很高，却不学无术。有智慧的人不一定有多少知识，但却善谋善断。与人、与环境融合，最重要的是智慧，而非知识和智商。灵性是智慧的金字塔顶，是最高级的智慧。融于人、融于环境，灵性十分重要。

一、所谓灵性：灵性=情商+智慧

灵性是生命之光，是神来之笔，是妙手偶得。周恩来总理身上的灵性之光一直到现在还熠熠生辉。他有几次经典的答记者问。有一次，一位外国记者在采访周恩来总理时，用侮辱性的语言问道："在中国，人走的路为什么却要叫'马路'呢?"周总理答道："我们走的是马克思主义道路，所以简称'马路'。"

这位记者想把中国人比喻成牛马，即使周总理解释了马路的来源，也会受到刁难和侮辱。而总理的回答巧妙而又阐明了自己的立场。堪称绝顶外交之辞令。

这就是智慧之光辉，灵性之闪现。灵性就像空静的莲花，是情商和智慧的结合体。

在国外，有人认为情商就是情绪的自我管理。但是在中国，情商是指中国优秀思想和意志品质的综合体，情绪管理只是情商的很少一部分。

禅门有很多公案，大多是情商和智慧的结晶。光涌禅师刚刚见到仰山禅师的时候，仰山禅师问他："你来做什么?"

光涌禅师回答："来拜见禅师。"

仰山禅师又问："那你见到禅师了吗?"

光涌禅师回答："见到了!"

仰山禅师再问："禅师的样子和驴马一样吗?"

光涌禅师说："我看禅师也不像佛!"

仰山禅师紧接着问："既然不像佛，那像什么?"

光涌禅师则回答："如果有外相，和驴马有何分别？"

二人的智慧是佛家的大智慧。焦点在于"凡有所相，皆为虚妄"的观点。二人通过对话进入了"不执着"的境界，灵性的光芒在对话中闪现。

情商高就有智慧，有大智慧就会有灵性的显现，灵性是情商与智商的魂魄。

灵性有这样一些特点：

灵性是人所具有的聪明才智，是人对事物的感受和理解的能力。这里的灵性和木讷是相对的。一个性格内向的老实人，他去谈业务、拉关系、做公关，肯定与那些灵活、会看眼色行事的人做公关有截然不同的效果。这是因为有知识不代表有智慧，有智慧不代表有灵性。灵性能让你迅速融入环境和人群中，就像无孔不入的水，瞬间就能整合你所需要的资源。

做事具有灵活性。这里的灵活和倔强相对。如果是"不见棺材不落泪""不撞南墙不回头"，往往导致失败。真正的智慧是既要有长远的眼光、坚持不懈的毅力，还要有正确的选择。比如工作的选择，你适合做哪一类行业，不是你想做什么工作就做什么工作，而是在于你客观自身能力和主观的选择，选择正确了，你就会是有能力的人。所以，这里的灵活是指有一个以上的选择，选择便是能力，最灵活的人是最有能力的。

灵性以知识为基础。有句话说，有知识不代表有文化。这里的文化就是对知识的活学活用，不读死书，不掉书袋。当孔乙己教人们"回"字的几种写法时，当宋襄公落败受伤时，知识就成了笑柄，成了迂腐的代名词。灵性以知识为基点，是知识的升华，高于知识。

灵性是智慧的金字塔顶。智慧是人能迅速、灵活、正确地理解和解决事情的能力。智慧是人们生活所必须具备的，在现代社会中，没有智慧，就无法生存。历史上的不倒翁冯道先后辅佐了五个王朝——后唐、后晋、后汉、契丹、后周，总计 11 位君主，到了晚年他回顾自己的一生时说道："我到了暮年，生活还是这么惬意，有谁能像我这样安乐呢？"冯道虽然有些脸皮厚，可是他融入社会的本领和灵性无人能及。

灵性是使人融于人、融于环境的重要因素。通俗地说，灵性就是要"会玩"、会处关系、会交朋友、会干工作，会和领导保持一致，会和下属打成一片。灵活能力能够带给你意想不到的效果。

二、物为己用：趋利避害不仅仅是本能

"不以物喜，不以己悲"是北宋文学家范仲淹的名言，这表明了他豁达和宽阔的胸怀，也是一种心如止水的人生境界。从另一个角度来看，既然心如止水，就一定也有波澜壮阔，这就涉及对万事万物的运用问题。

心外无物是为了心如止水，物为己用是为了借力打力，取其精华。现在科技的发展让我们拥有了很多高科技产品，电灯电话、电视电脑、手机平板等这些都是物为己用的代表产品。我们的衣食住行无一不是取之于自然界。人类通过对世界的改造，把物变成自己的生活、工作的一部分。

这种改造和利用是多种选择的结果，换言之就是灵活选择的结果。人类和动植物的选择有个根本的原则——趋利避害。

动植物的趋利避害具有本能性，植物的根向深处扎根吸水，向着太阳伸长，花、叶、果随季节而变，这是本能使然；天空的飞鸟、陆地的走兽，到海洋的鱼虾，家禽牲畜都有各自趋利避害的本能性。

而人类的趋利避害不仅仅是出于本能，更体现在人类的智慧领域。人类是高级动物，对于趋利避害的行为应当有道德的要求，有理性要求，有感情

要求，有物质要求。

从个人角度来说，人们害怕灾难所以在患难面前容易同心；人们都喜欢得到利益，所以在利益面前必然互相争斗。这就是为什么有很多人可以共患难、不能共安乐的原因；从集体的角度说就是共同避害易、共同趋利难的规律。

人类的物为己用、趋利避害应该有这样一些原则：

本能加智慧。物为己用要和趋利避害的本能结合起来。人类是高级动物，与一般动物的区别就是人有高级智慧。看到别人的车好但你不能开走，银行有钱你不能拿着就跑，理性和本性必须融合。

灵活地形成价值认同。行动不能没有准则，遵不遵守准则，直接关系到人民的幸福和社会的稳定，甚至最终决定着人类的未来。这就需要我们灵活地形成价值认同感。比如思想不开阔就需要宽容大度，自私自利就需要利益合理分配。

利人利己。物为己用本能是趋利避害，可是单纯的利己却又会对人际关系的融合十分不利。"皮之不存，毛将焉附"，找到这个互利的中和点是关键。

利于现在也利于未来。面对 21 世纪的科技发展，人类最担忧的莫过于资源利用和环境的恶化。对于个人来说，需要长远计划和短期计划有机结合，形成利益共同体的长期规划。

利于局部也要利于整体。对于个人和集体而言，局部利益和整体利益是相辅相成的。前几年国有企业纷纷倒闭，高管落马，这就是局部利益和整体利益严重失调造成的。

三、灵活机动：开心的钥匙

　　幽默能让人开心。有一次，人们包围了从德国移居美国的爱因斯坦的住宅，要爱因斯坦用最简单的话解释他的"相对论"。而在当时据说全世界只有几个科学家能看懂他关于"相对论"的著作。爱因斯坦走出家门，对大家解释道："打个比方，假如你与你最心爱的人坐在火炉边，一个钟头过去了，但你觉得好像只过了5分钟。反过来，假如你一个人无聊地坐在火炉边，即使只过了5分钟，但你却感觉像坐了一个小时。你看这就是相对论。"爱因斯坦巧妙地打了比方，让人们既明白了科学道理，又开心地笑了。

　　幽默是灵活运用语言思维的结果，它是开心的助力器。

　　乐观能让人敞开心扉。有一对兄弟，老大叫路易斯，老二叫汤姆。路易斯的性格较为乐观，而老二汤姆的性格则较为消极。有一天，爸爸把他们分别放在两个屋子里。他给汤姆放了很多玩具，却只给路易斯放了一些牛粪。

　　过了一会儿，父亲走进汤姆的房间，他发现汤姆在哭，爸爸问汤姆："你为什么哭？"汤姆回答道："这么多玩具我不知道先玩哪一个。"爸爸哄好汤姆，走进了路易斯的房间，却发现路易斯正兴奋地用木棍翻弄牛粪，见到爸爸，他问道："爸爸你把玩具藏哪了，我的玩具一定很好玩吧！"

　　乐观是因看待事物的角度不同，灵活处理价值形成的状态。只要你想得开你就开心，只要你能灵活运用你的思维，你就有了一把开心的钥匙。

　　开心首先是敞开心扉。有时候我们会用冷漠掩饰自己，但这样往往会拒人于千里之外，很难融入集体。敞开心扉给别人和自己一个笑脸，也给自己和别人交流的机会。

开心要有多重内外融合的渠道。一把钥匙只能开一把锁，打开一个人的心灵却有多把钥匙。和他一起欢乐，一起痛苦，一起散步，一起看星星。只要开心，处处柳暗花明。

开心要灵活地变换角度。灵活是做事情更快更有效的重要因素，也是人生成功快乐的重要因素。假如你成不了总经理，你可以成为一个经理；假如你得不到想要的自行车，可换个要求得到一只篮球。只要你灵活，不死板、不僵化，一都会尽在掌握中。

四、群体领袖：接地气的性格更受欢迎

美国总统奥巴马到上海访问时，恰逢上海下大雨，新闻节目中播出了奥巴马总统自己接过雨伞，自己撑着雨伞下飞机、上汽车的镜头。一时间网络上对这位平民总统的亲和力赞赏有加。

难道奥巴马没有内勤人员给他打伞吗？难道奥巴马不知道自己是总统吗？这位美国历史上第一位黑人总统，除了有知识和才能以外，他成为总统的重要原因就是有亲和力。有了亲和力，平民百姓才会选他，有了亲和力才能得到上流社会的支持。

在邻里关系中，你会发现谁家主人的性格很好，他的周围邻居就会很好。因为这种融合力和亲和力，能让大家互相沟通和了解。路遥知马力，日久见人心。

每一个人都可以通过改变思想而改变自己的情绪和行为，因而改变自己的人生。1998 年 5 月，华盛顿大学请来巴菲特和盖茨演讲，当学生们问道："你们是怎么变得如此富有的？"巴菲特回答说："这个问题很简单，原因不

在智商。为什么聪明人会做一些阻碍自己发挥全部工效的事情呢？原因在于思想、习惯、性格和脾气。"盖茨也表示赞同。无论是在工作和生活中，都是灵活的思想和性格决定命运，性格像是筋骨，而知识和学问则是皮肉。

灵活的思想和性格决定着一个人的交际关系、婚姻选择、生活状态、职业以及创业成败等，从而决定着一个人的命运。

所以要想做一个成功的人，必须改变自己的思想、性格和情绪。

抓住思想的本源。世界的本源是纯洁清净，这也是思想的本源。改变思想不是学会偷奸耍滑，而是要正本清源，开朗大方。

有接地气的性格。一只雄鹰虽然飞得很高，可是没有接地气的性格，所以朋友很少。人也一样，只有和大家形成思想共鸣，才能充分发挥自己的才能。

让个性不再死板。死板的人毋庸置疑，人际关系都很差，原因不言而喻，死板不灵活，不讨人喜欢，也做不成有效率的事。

五、宽容为怀：太计较难灵便

世界上什么最大？有人说是天空，有人说是海洋，其实最大的莫过于人心。宇宙、世界、河流、山川都在我们的心里。

三国时期的蜀国，诸葛亮去世后蒋琬主持朝政。他的下属有个叫杨戏的，性格孤僻冷漠，不爱和别人交流。即使是蒋琬和他说话，他也只是答应一声却不多说。有人看不惯他，就对蒋琬说："杨戏此人怠慢大人，实在不像话。"蒋琬大度地笑着说道："人各自有自己的脾气，让他说赞扬我的话不是他的本性。让他当众说我坏话他也不会说，这是他的可贵之处啊！"

因为这件事，大家都说蒋琬宰相肚里能撑船。

蒋琬的宽容让有才能的人不至于埋没，让各类人才都喜欢和他相处。在现实生活中，很多斤斤计较的做法给人们带来不便。在乎者多伤害，心眼小的人总以为别人在伤害自己，就连别人说话都以为在说自己的坏话，久而久之就会变得刻薄、孤僻、多疑、难以相处。

唐代御史中丞卢杞相貌丑陋，面色如蓝靛，长得像鬼一样。他能言善辩，唐德宗很喜欢他。郭子仪每次会见宾客的时候，姬妾都不离身边。有一次，郭子仪患病，卢杞前去看望。郭子仪一听说他来了，就让随侍的姬妾都退到屋里，自己坐在椅子上接待卢杞。后来有人问郭子仪为什么这么做，郭子仪回答说："卢杞面貌十分丑陋，而且心地险恶，女人见了必然要取笑，以后卢杞得志了，我的一族就无法逃脱他的陷害了！"后来卢杞果然小人得志，很多人受到了他的陷害，只有郭子仪勉强幸免。

太计较的人在别人看来是不容易相处的，人际关系搞不好。这样的人有时候可以暂时获得一点利益，但是失去的是长远的利益和人脉。

在人脉的积累中，宽容为怀，灵活处理人际关系是最简单的捷径。

集思广益，为自己所用。真正的成功者是智慧的综合体，是资源的综合体。只凭一己之力很难成功，集思广益能使一加一等于三，如果你懂得让自己的思想和他人思想相结合，就一定会产生更大的成就。

多角度考虑，三思而后行。在现实生活中，我们在做事情的时候，往往一条路走到黑，这是选择出了问题，也是呆板不灵活的体现。多角度考虑问题，三思而后行要时刻谨记。

允许少数意见存在。总以为自己是正确的，别人提一点建议都受不了，这样就堵塞了别人的言路。一意孤行者，往往失败，西楚霸王项羽就是一个最好的例子。

多想几种可能性。任何事情都有多面性，眼见的不一定是真实的，这就要考虑事物的多面性，换个角度想一想，灵活地处理一下，你会变得宽容大度。

六、活跃氛围：灵活使人放松

一个人成熟的标志之一是能合理地解决人际关系。你在一个群体中起到怎样的作用，决定了你在这个群体中的地位。

智圣东方朔在处理政治关系时就游刃有余。有一次，汉武帝赐肉给大臣，可是负责分肉的人一直没来。这时候东方朔拿起分肉的工具自己分起肉来，一边分还一边说："今天是伏日，应该早点回家。"于是拿起肉扬长而去了。

于是上司报告汉武帝说东方朔不守规矩，私自分肉。第二天，东方朔上朝，汉武帝问他：昨天赐肉，是何原因竟不待命令，就用剑割肉而去了？东方朔脱下帽子道歉。汉武帝说："那你做自我批评吧！"东方朔跪拜说道："东方朔啊，东方朔！你受赐不待命令，真是太无理了！你拔剑割肉，又是多么地豪气！割得不多，又何其廉洁！回家交给妻子，又何其善也！"汉武帝听了大笑道："让你自我批评，竟又自我吹嘘！"一高兴汉武帝又赐他酒一石，肉百斤，让他带回家交给妻子了。东方塑明明犯了错误，可是汉武帝没惩罚他，由于他的巧妙诙谐的回答，竟又获得奖赏。这就是对灵性灵活的运用，气氛活跃，心情放松，不好办的事也好办了。

活跃氛围不是无厘头捣乱。有一部《憨豆先生大灾难》的电影内容是这样的：憨豆先生扮演的角色是在伦敦的国家画廊当保安。由于毫无建树，本该被开除，可阴差阳错地受到了一个权威人士的认可，并让憨豆先生作为

"专家"押送一幅名叫《母亲》的名画到美国。到了美国，美国的博物馆馆长把他请到家里，但他无意中搞乱了别人的家庭。

在博物馆里，憨豆把油漆洒到了名画上，使名画遭到了彻底的毁坏，但是他灵机应变，用海报以假乱真蒙混过关。

憨豆的搞笑是艺术化的搞笑，在实际生活中于事无补，只是一种愚蠢的表现。我们可以学东方朔，不可以学憨豆。

我们怎样活跃氛围呢？

机智应对，出奇制胜。在一个问题或者一个场合里，运用不同的语言就会有不同的效果，只要你能有意识地机智应对，出奇制胜，就能化解尴尬，起到意想不到的效果。

语言幽默，语调轻松。说话的语调和方式很重要，说话像钁头刨地，一句话就打发一个主，说话像春风拂面，人人都爱听，幽默的语言和语调是活跃氛围的基础。

有意活跃氛围，而不无厘头。灵活的语言不是无厘头，而是有益于在场的人和物，废话多了就是废人。

让人放松，不固执，乐中受益。固执使人紧张，灵活使人放松。有严肃就有活泼，有紧张就有放松，谁都愿意轻松地相处，轻松地解决事情，灵活一点，一切都在不言中。

七、谋取多赢：灵性不只利于自己

互利互助是一种社会原则，也是个人融入社会的基础。谋求多赢是利益关系中最主要的原则。1955 年，周恩来总理在万隆会议上提出"求同存异"

的方针就是谋求多赢的经典策略。周恩来指出，亚非地区的国家不仅要求政治上的独立，同时还要求经济上的独立，改变经济落后面貌，争取完全独立。为此就要保障世界和平，促进亚非国家之间的友好合作。而要实现这个目标，亚非国家之间就应该求同存异。这是一种最高级的智慧，周总理从人性角度出发，从国家利益角度出发，将和平和合作当利益纽带，把世界联合起来。

普通人没有这种国际舞台，也没有这个大智慧，可是谋取多赢是一种真理，它时时处处都存在。

有个禅宗的故事：仙崖禅师有个弟子不太喜欢学习，夜里经常翻墙到外面去玩。禅师发现后，并没有直接去斥责他。等到弟子再一次翻墙出去的时候，禅师把他攀爬用的椅子挪开，然后站在原地等候弟子归来。过了好久，弟子终于回来了。当他从墙上翻下时一脚正踩在禅师的脑袋上。弟子羞愧难当，等待批评。可是，禅师只是淡淡地说了句："早晨天气冷，小心着凉。"这位弟子幡然醒悟，从此刻苦读书，再也不出去玩了。

仙崖禅师实现了多赢。一是弟子刻苦读书；二是自己的教育目的达到了；三是禅意浓浓。如果直接斥责弟子不但不能解决问题，反而会引起弟子逆反。这种灵性的智慧达到了互利的目的。

灵活不代表放弃自己的立场，而是能找出双赢的可能性。灵性也不是自私的，它是大家的，是社会的。

怎样谋取多赢呢？

走一步，想三步。高手过招，必须走一步想三步，甚至四步、五步。处理事情也是如此，只是单纯的直率，或者直肠子，往往是好心办坏事。

"己所不欲，勿施于人。"自己所不愿意做的，不要强加于别人，这是处理人际关系的重要原则。人应该有宽广的胸怀，自己不想干的，硬推给他人，不仅会破坏与他人的关系，也会将事情弄僵。

考虑问题从后果想起。做一件事情首先要考虑这件事情的后果，否则就会造成很多不必要的麻烦，青少年犯罪往往就没考虑后果。灵性的基础是智慧和知识，只有多赢而合理才是真正的灵性。

灵活要坚持自己的立场，但不放弃找出双赢的可能性。随声附和、随波逐流都会迷失自己，迷失自己的人怎会有所作为。汪洋中的一条船，只要舵手还在，就不会失去自己的方向。在坚持自己的同时，找出双赢和多赢的可能性，只有这样才能让灵性的光芒魅力四射。

八、固执是病：接受不代表投降

固执是贬义词，固执的褒义说法是坚持。固执之所以是贬义，是因为它的态度和结果不尽如人意。

大家都读过世界名著《唐·吉诃德》，他是西班牙作家塞万提斯的作品，主人公唐·吉诃德因为沉迷于骑士小说，时常幻想自己是个中世纪的骑士，自封为"唐·吉诃德·德·拉曼恰"，意思是德·拉曼恰地区的守护者。他拉着邻居桑丘·潘沙做自己的仆人，"行侠仗义、游走天下"，做出了种种与时代不相符、不可思议的行为，结果四处碰壁。但当他最终从梦幻中苏醒过来的时候，不久就去世了。唐·吉诃德犯的错误是"明知不可为而为之"，特质就是固执，固执地沉迷、固执地行动、固执地死去。

我们可以明白别人的论点，却固执地认为自己正确，坚持在自己的世界，不会投降。固执有这样几个特点：

拒绝听别人的意见，听不进别人的意见。当别人劝解他时，他总是坚持自己的意见，并且反驳别人的观点。根本不考虑别人说的是对还是错，在内心永远认为自己是对的。

怕和别人交流。固执的人外表强势，但遇到问题和困难害怕与人交流。因为害怕自己在交流时，占不到上风，内心很不自信。

以自我为中心。你会发现固执的人，不仅听不进去别人的意见，而且是个宣讲者，他不听从别人的发言，他不是一个倾听者。

怎样和固执的人交流呢？

乔布斯是个固执的人，卡姆尔和乔布斯都是皮克斯动画工作室的创始人。乔布斯曾对他说，当别人与他不能达成一致意见时，他的解决办法就是"反复向他们解释，直到他们理解"。

而卡姆尔也有对付乔布斯的"办法"。他在和乔布斯共事的26年中，两人从来没有发生过面红耳赤的争吵。但是每当卡姆斯向他谈到自己的观点时，乔布斯就会立即驳斥，于是卡姆尔会等上一周时间，然后再给他打电话，反驳他说过的话。乔布斯又会立即开始驳斥卡姆尔的观点。于是，卡姆尔会再等上一周时间找机会跟他表达自己的观点。如此反复，有时候会持续好几个月的时间。但是最终，事情的结果会有三种情况：一是乔布斯说："好的，我明白了，你是对的。"二是卡姆尔会对同事说："我想，他的观点是对的。"三是最终也没有达成一致意见，但是乔布斯允许卡姆尔按照自己的方法做事，而且不再干涉。

放弃了固执也许就没有了坚持，放弃了固执也许就没有灵性思维，固执的人听明白别人的意思后，即使错了也不会立即投降。而应对固执之人最有效的办法是耐心、虚心，无法达成一致意见却愿意继续进行。

九、流水行云：灵性物语

苏轼的文章出类拔萃，他有这样的观点："作文就像行云流水，并无固定的格式章法，但常行于所当行，止于所不可止。"文章的灵性如此，如同融入人、融入环境的灵性。融合的灵性律要求语言简单易懂。

有一个秀才善于之乎者也，和别人交流的时候，也常常拽词。有一天他赶集去买柴，他对卖柴的樵夫说："荷薪者过来！"樵夫听不懂"荷薪者"三个字，但是听得懂"过来"两个字，于是就来到秀才面前。秀才问他："其价如何？"樵夫虽然听不太懂这句话，但是听见有"价"这个字，于是就告他柴火的价钱。秀才接着问："外实而内虚，烟多而焰少，请损之。"（翻译成白话文是：你的柴火质量不好，烧起来浓烟多而火小，请减些价格吧）。卖柴樵夫因为听不懂他说什么，只是摇摇头，挑着柴走了。

简单易懂的语言是交际的基础，是融合的基础。高山流水觅知音，对牛弹琴是一个情景；牛对人哞哞直叫也是一种情况，两者不能很好地沟通，没有自然而然流水般的融合，灵性何来？

我们在交流中最好用简略的语言、易懂的言词来传达信息，过度的修饰反而达不到想要的效果。

融合的灵性律要求行为有认同感。以企业文化为例。著名的组织行为学家罗宾斯认为，企业文化越强，人才流动率就越低，价值观相一致、目标一致性提高了企业内聚力、忠诚度、融合度。比如在英特尔的企业文化中，最具有特色的是公司的五个价值观：纪律、平等、让数据说话、386沟通、建设性的对立。这些文化树立了共同的价值观认知。同时这些共同的价值观也提高了英特尔的内部凝聚力和员工忠诚度。

融合的灵性律要求学会换位思考，良好沟通的第一步是换位思考，分析对方、分析自己，只有了解自己、了解对方，才能实现换位思考，实现真正的有效沟通。换位思考是融洽人与人之间关系的最佳润滑剂。人们都有这样一个特征——总是站在自己的角度去思考问题，假如你能换一个角度，站在他人的立场去思考问题就会多一些理解和宽容，改善和拉近人与人之间的关系。

认同感就是流水的渠道，灵活变化的途径，要想融合行云流水，必须找出融合的共同点。

融合的灵性律要求无障碍沟通。怎样才能无障碍沟通，就看你怎样做到收获人心。用心去沟通，是融合的妙招。

只有用"心"沟通，才能将心比心，以心换心，从而收获对方的心。无论是个人交往，还是工作管理，我们要有"八心"——即尊重之心、希望之心、合作之心、理解之心、服务之心、赏识之心、信任之心和分享之心。

灵性物语，就像一个心理的思维故事，只要有心，只要机动灵活，何愁融合于集体，融合于朋友，融合于社会呢？

十、主动应和：不被逼

改变从自己开始，从自己的内心开始，而不是被强迫。被强迫的改变也许一时能够达到某种效果，可是往往治标不治本。

一位教授正在准备第二天讲课的稿子，他的小儿子在一边吵闹着要两元钱买玩具，教授很无奈，他随手拿起一本旧杂志，把里面的一幅世界地图撕成碎片，然后丢在地上，说道："儿子，如果你能拼好这张地图，我就给你钱。"

教授满以为这样会使儿子花费一上午的大部分时间，那样他就可以有时间准备稿子了。但是没过 10 分钟儿子来敲他的房门。儿子说道："爸爸，我已经拼完了，你检查一下。"教授看到儿子这么快地拼好了一幅世界地图，感到十分惊奇，他问道："儿子，你是怎么做到的?"

儿子回答道："这很容易，我把另一面的人物照片拼起来就可以了。我想如果这个人是正确的，那么这个地图上的世界也是正确的。"

教授听了，微笑着给了他儿子两元钱。他说道："儿子，你替我准备明天演讲的题目：如果一个人是正确的，他的世界也会是正确的。"

灵活是用自己的步伐去做出转变。现实生活中，如果你想改变你的世界，也要先改变自己，用积极向上的态度面对人生，主动地融合于这世界。而固执则是在被逼的情况下做出转变。

怎样在融合中主动应和呢?

主动应和需要审时度势，主动融入。审时度势，把主观与客观很好地结合起来，找准切入点，灵活地驾驭自己。

主动迎合需要放下架子，主动交流。固执的原因之一是害怕失去尊严。主动迎合就要放下架子，和人、和世界融为一体，你中有我，我中有你。

主动迎合需要有自己的正确原则。主动迎合不是用自己偏执的观点去改变别人，而是在观点正确的基础上做该做的事。

主动迎合需要破除执念。执念是佛家常说的一句话，有执念就会固执，就很难改变，只要看开世界，敞开心扉，才能拓展人际关系。

善于变通思维，就能找到解决问题的好办法。当你从一个方向思考问题陷入困境时，变通一下思维，从另一个角度思考问题，你就能有意外的收获。

　　明智的人让自己和世界相适应，不明智的人坚持让世界适应自己。灵活变通是天地间的大智慧，灵性思维是智慧中的精髓。人生处世会面对各种矛盾和变化，最有效的办法就是要学会灵活变通。

第十一章　逆境律：失败也是财富

逆境是什么？就是与人与事与环境不和谐，互相不融合了。人的挫败是怎么来的？就是在与人与环境的融合不顺利时而造成的。融合不顺利的时候，我们该怎么办？这是谈融合力必须要关注到的问题。

一、求变信号：遇挫必事出有因

"唉——最近时运不顺，老是挫败，没办法。"

这是人遇到不顺心的事情时常说的一句话。其实，大部分人都会将挫败的原因定性为：当前"时运不顺"，没办法的事。其实不然。仔细分析一下，之所以"挫败"，其实就是之前的一些做法没有达到预期的目标和效果。那么，我们为什么不仔细分析一下之前的做法究竟在哪里欠缺呢？是不是需要改变一下策略？或者说，挫败其实就是给了我们需要改变策略的信号，要求我们认真分析当前面临的实际情况，然后做出正确的判断，下一步改变行动策略，再次迎难而上。

常言说，"胜不骄，败不馁"，这句话说起来非常容易，但要真正做到这一点就相当困难了。人们在春风得意时很容易骄傲自大，而在挫败之时却往往会气馁并一蹶不振，再不会认真思考挫败的原因，然后为反败为胜做准备。这是错误的做法。其实，作为当事者应该认识到，之所以挫败，就是自己的做法和当时的实际情况有冲突，也就是主观策略与客观实际严重脱离，这才是造成挫败的主因，和时运是没有关系的。当前要做的，就是认真思考客观实际情况，将各方面的因素都要考虑到，然后制定出合情合理的办法策略。

从另一个角度来说，挫败其实就是传递一个信号：我们的策略需要改变，而绝非时运问题。这个信号在提醒我们，我们的做法脱离客观实际，需要改变，而如何改变，这就需要我们重新对时局做出正确的判断。这一次之所以发生挫败，肯定是有其背后原因的。只有认真剖析事情背后真正的主因，才能找到解决问题切实可行的办法，最终让问题迎刃而解。相反，遇到挫败就定性为"时运不顺"，而不去仔细分析形势，去想办法改变相应的策略，那样只能让问题越办越糟，最终自己一蹶不振。

因此，当我们在人生路上遇到挫败时，切记，这绝对不是我们"时运不顺"，这是在向我们发出信号：我们的做法有问题。常言说，当局者迷，旁观者清，此时可能是我们有点"迷惑"了。此刻我们需要"旁观者清"的朋友，他们可以帮忙，让自己"圈里"的朋友帮助我们对当前形势和主客观原因做出正确合理的判断，再制定出合情合理的策略，最终解决问题。

二、未画句号：仍在进行中就不能叫失败

西方著名军事家拿破仑曾经说过："一场战役的胜利往往取决于最后五分钟。"这句话不仅是军事方面的名言，也是对人生百态的感悟。它告诉人们，做一件事情，当事情还在进行之中时，一切关于结果的论断都为时过早，而每件事的成败，往往会在最后时段才能有所定论，在事情发展的最后阶段往往会发生意想不到的戏剧性变化。这方面，人们都和拿破仑有异曲同工的感受：无论做什么事情，在事情还没有画上句号时，成败是难以确定的。

平时，人们在做某一件事遇到不顺心的情况就会说："算了吧，不行了，这次肯定要失败了。"其实，在事情的句号没有画上之前，一切都还有挽救的机会。因为事情还在进行中，"谁能笑到最后"尚没有定论。只要能够及时调整策略，肯定还有翻盘的良机，别忘了，此时的对手或许已经为眼前的声势得意忘形了，这就更加有机可乘。不过，此刻问题的关键是，我们必须要保持清醒的头脑，及时分析当前面临的情况，及时调整自己的战略部署，做出合情合理的应对措施。此时此刻，尽管我们"处于下风"，可是，别忘

了，坐在我们对面的对手已经被眼前胜利在望的局势冲昏头脑，这也就给我们提供了翻盘的最佳时机。只要合理调整策略，戏剧性的"最后五分钟"就会上演。

要想做到这一点，关键是头脑要保持清醒，也就是平时常说的那样：泰山崩于前面不改色，麋鹿兴于侧目不斜视。冷静的头脑加上清醒的判断，才可以在关键时刻挽救事情的危局，才能做到反败为胜。相反，遇到时局不利就惊慌失措："完了完了，这下彻底是完了，我们还是想条后路吧。"这种想法只能加速自己的失败，形成兵败如山倒的局面。

做事情，心态很重要，不管在什么样的情况下都能够保持积极乐观的情绪是制胜的法宝。人生时时刻刻都在面临各种各样的挑战，面临千千万万、形形色色的"危局"，我们在这种时候都需要积极去面对，而不能惊慌失措。事情还没完全画上句号，还在进行中，我们依然还有获胜的机会。要清醒地认识到，我们的对手此时已经感觉胜券在握，他们的神经正在松弛，而我们反败为胜的机会正在出现。现在需要的是，我们必须头脑冷静，合理判断，最终挽救危局。

只有相信自己，我们才能在人生的大风大浪中立于不败之地，才能在各种各样的危局中反败为胜。

三、往者已矣：翻过那一页

如果确实失败了，那也不要气馁。事情既然已经成为过去，那就不应该让它成为历史包袱。失败是沉痛的，该放下的必须放下。前面的路还很长，人生路途下一个站点很快会到来。此时，我们应该走出失败的阴影，放下沉重的历史包袱，将眼光投向人生路途下一个站点，做好迎接下一次挑战的准备。做到这一点，需要乐观的态度和宽阔的胸怀。

失败的确让人沉痛，因此让很多的失败者失去了走下去的决心。这些人丧失了信心，失败的阴影彻底笼罩在他们的心头，一天天挥之不去。曾经的海誓山盟，曾经的热血激荡，最终换来的是失败的沉痛："完了，我们真的完了。当初，我们要不那样的话，说不定……"懊悔，愤恨……可是，在这样失败的圈子里转来转去能得到什么呢？因此，在挫败之后，正确的抉择应该是翻过这一页。大家在痛苦中必须昂起头，重新站到人生的大道上，然后总结失败的经验教训，勇敢地迎接下一次挑战，这么做才是正确的。

俗话说，真正的勇者要拿得起、放得下。当面对一次挑战时，我们要信心百倍，要拿得起；可是，胜败乃兵家常事，人生路途难免要遇到失败，当我们失败时，必须要做到能够放得下。如果失败之后再也抬不起头来，那就是真正失败了，真正从心理上倒在了人生的路途中。相反，失败之后迅速调整心态，很快从失败的阴影中走出来，然后非常阳光地站到人生大道上，这样，我们没有失败，至少在心理上没有被打败。或许，真正笑到最后的，正是我们。

漫漫人生路，坎坎坷坷，弯弯曲曲，人需要不断向前看才能向前走。总结失败的经验是必须的，可没有必要总向后看。后面的路已经走过去了，失败的就让它过去吧。不停地向后看，那是无法向前走的，只能徘徊不前。现在的关键是抬起头，勇敢地迎接人生的下一次挑战，才能大步向前走。

因此，能及时翻过之前的一页很重要，也是人生的一大课题，需要人做心理调整。忘掉过去意味着背叛，可总是围绕着过去翻来覆去反复想，那今后的路还怎么走下去？记住过去的经验教训是必须的，放下过去的沉重包袱也是必须的，因为前面的路还需要我们继续走。我们只有这么做，成功的曙光才会重现，历史才能发展，人类才能进步。

四、拾级而上：踩着失败前进

几乎人人都知道这么一句话："失败乃成功之母。"可是，能够真正理解这句话含义的人就不多了。当失败到来之时往往都是兵败如山倒，失败者似乎就应该从此后败不言兵。其实不然，作为失败者，同样需要保持冷静的头脑，因为虽然失败了，但是，你还需要将失败的程度降到最低，需要将损失减少到最低。做到这一点，那就可以说，尽管失败了，可你在失败的阵地上也"打了一个胜仗"，为下一次作战做好了准备。接下来，你完全可以在伤定之余痛定思痛，认真总结失败的经验教训，然后再卷土重来。当下一次挑战到来时，充分的准备加上冷静的思考和周密的部署，肯定能取得胜利。

相传，西方有一位政治家，他准备带领国民赶走侵略者，可他连续六次都被对手打败。神情沮丧的政治家为了逃命躲到了山崖里，在那里他看到了一只蜘蛛，风雨中的蜘蛛正在结网，可连续六次都被风雨吹断了。顽强的蜘蛛依然开始了第七次，终于，蜘蛛在风雨中结成了赖以生存的网。政治家大受启发，他再次树立了顽强的自信心，第七次带领国民和侵略者展开了殊死搏斗，最终获得了胜利。

在失败的阵地上重新站起来，做到这一点需要心理和精神上的支撑。人生路途是曲折的，能在失败的时刻保持冷静的头脑相当难得。失败了，人心背离，神情沮丧，能够在此刻重新振奋精神，并且总结失败的教训，需要坚韧的毅力。

失败是沉痛的，在失败之后能够拾级而上，总结失败的原因，然后踏着失败痕迹继续走下去，那么，成功的曙光就要出现了。

因此，人不管在什么时候都需要保持阳光的心态。我们在走上阳光大道时保持阳光心态很容易，可在失败时刻就非常困难了。失败之所以能成为成功之母，就是在失败后保持阳光的心态，然后才能在失败的阴影下总结经验，总结挫败的教训。这些用血汗换来的宝贵经验是让我们提升自信心的垫脚石，我们可以踏着用自己经验铺设的大路向前走下去。

做事经验是人素质能力的基础，而做事能力是自信心的基础。所以，经验是人生的巨大财富，而成功正是建立在这些宝贵的财富之上。

失败是成功之母，只有踏着失败前进才能获得成功。

五、目标之间：成功总是一条曲线

细心分析一下，通往成功的道路总要出现一段曲折的路程，也就是说，正如唐僧取经要历经九九八十一难一样，都要历经坎坷路。其中，在那段低谷时，也正是通往成功目标过程中最为艰苦的时候，需要具有坚韧的毅力和对事业成功无比的信心才能走出这段低谷，最终迎来希望的曙光。

其实，四大名著之一《西游记》中蕴含的人生哲理非常直白。人生路途就是由很多目标组成的。人在抵达一个目标时，短暂的喜悦之后，下一个目标又会出现在前面，而要抵达下一个目标，那就需要付出和上次一样的艰辛，也要历经和上次一样的曲折坎坷历程，最后抵达下一个目标。在两个目标之间，两次小成功是用一条曲折的路连接起来的。人生就像唐僧取经一样，都需要在一个个小目标和小成功之间历尽艰辛，在各种各样的阻力和诱惑面前徘徊，凭借坚韧不拔的毅力再次抵达下一个成功点，再由很多的成功点连接起来，最终到达人生的巅峰。

其实，并不是所有人都能到达成功的彼岸，很多人在中途曲线低谷没有度过这段痛苦的时光，最终选择了退出。曲线低谷是考察人的坚毅力的杠杆，是决定人能不能走向成功的答卷。成功是甜蜜的，诱人的，是鲜花和赞歌，成功充满了喜悦，人都希望达到自己的目标，获得成功，实现自己的人生价值。不过，很多人眼里或许只是盯着成功的光环了，没有看到成功背后的艰辛。

因此，从另一个角度来说，那段曲线意味着艰辛和磨难，而对于一些意志不坚强者就意味着难以逾越。也正是这段曲线和低谷，让成功更加阳光，更加明亮。是低谷和磨难让人生充满了挑战，也正是挑战让成功更加来之不易，更加光彩夺目。

反之，如果成功不是一条曲线，那所有人都能够不费吹灰之力获得成功，而成功也就失去了光彩。正是成功路上的挑战和艰辛，吸引着意志力坚强的人前赴后继，不畏艰辛，他们是人类的强者，鲜花和赞歌属于他们，他们得到的成功与幸福和付出的艰辛才能成正比。

六、不断修正：一直在路上

通向成功的路充满艰辛和曲折，充满了无数的挑战，在失败和成功中不断得到磨炼，需要总结失败的经验，需要树立自信心，最终才能获得成功。

总结经验其实是在为后面的前进打基础，避免今后的路途中再次遇到类似的困难。也正是因为人类在前进中不断总结，历史才得以进步。可以这么说，人类的历史正是在不断总结中前进的。

　　人在生活中不断发现成功的目标，不断向前，在历经一系列失败和成功之后，就会有一定的经验总结。这些经验多了，人就会变得成熟和老到，可以在生活中少走弯路。也正是凭借这些在生活中积累的经验，让人不断发现更新颖、更远大的人生目标，去接受人生路途中更加艰辛、更加曲折的挑战，而最终获得的成功也会更加耀眼。

　　反过来说，假如人在前进路途中不会总结经验，不会修正自己，那通往成功的路途就会更加曲折和艰辛，说不定会遇到挫败。遇到挫败后如果还不进行总结经验，那通向成功的路就会渺茫。从这个角度来说，人正是在不断总结经验的基础上完善自己，让自己不断取得发展和进步，不断在人生途中成长和完善自己。在最终获得成功的同时，个人的品格和素质也得到了提高。

　　人生中我们会遇到各种各样的挑战和挫折，需要我们不断去总结经验，去修正自己，这样让自己也得到了锻炼和成长。现实生活中的总结可以让人得到提高，得到修正，让今后的脚步更加坚定，更加充满自信心，距离成功也就更近了。从中可以看出总结经验与修正自己的重要性，它是人们通往成功途中必不可少的一个环节。如果没有了总结和休整，成功将会变得非常渺茫。

　　因此，修正和总结是人生的必修课，是人们通往成功路上必备的课程。只有在遇到挫败之后进行精辟的分析和总结，才能在下次遇到这样的困难时不再挫败，才能一步步向成功逼近。

　　人类的历史就是在不断总结中发展和前进的。前人在人生中获得了很多经验，于是就总结出来写成书，后人看了得到了经验，自身得到了进步和提高。

七、信息反馈：判明情况的依据

军事上，打仗需要准确的情报。如果情报不准确，或者对敌人的情况了解不够，那打起仗来就没有把握，吃败仗的可能性就会增大；相反，战役开始之前就对敌人的动向进行了仔细的侦察和了解，接下来指挥员就对这次战役有了准确的判断，基本上就胜券在握了。

其实，打仗和做事是一样的道理。做事首先要了解这件事的前因后果，要对涉及的有关情况做详细的了解，然后才能对事件作出相应的判断。判断的正确与否，与了解到的信息有直接关系。从中可以看出，了解信息对做事的重要性。当今社会是信息社会，处于信息爆炸时代，了解到信息就等于将事情的原委了然于胸，然后再做出有针对性的努力，成功就会近在眼前。相反，做事之前对事情的前因后果一无所知，也不了解和事情相关的各种情况，那么，做这件事的后果可想而知。

因此，准确的信息是判断情况的重要依据，是在人生途中确定前进方向的法宝。有了详细准确的信息，我们就可以对前面的情况做出准确无误的判断，做事情就有获胜的把握，距离成功就会越来越近；相反，假如得不到准确的信息反馈，人很可能就要在人生途中走弯路，说不定就会距离成功越来越远，挫败在所难免。

生活中，要得到准确无误的信息，就要及时了解社会上各方面的情况，尤其是当前自己需要办理的事情的有关信息。另外，在做事过程中还要对了解到的信息做出相应的总结和判断，进而对当前情况做出合情合理的判断。生活无时无刻不在发生着变化，信息也在瞬息万变，做事情绝对不可以长时间停留在一个信息层面上。信息反馈，要求随时对当前的情况做出总结，及时发现信息的变化，以便针对变化的信息而对行动计划做出相应的改变。

总之，我们在人生途中及时了解信息对完成"成功的人生目标"非常重要。既然立下了宏图大志，就要从了解信息开始，然后开始一步步向目标努力。很多人从小就立下远大志向，但无所事事，不针对目标做出相应的努力，最终一事无成。

所以，及时了解信息，就等于向成功迈出了脚步。

八、看你咋看：把挫败当学习

看一个问题有很多角度，从不同的角度分析就会得到不同的结果，而不同的结果对人产生的心理作用是不一样的。对于挫败，大部分人会认为就是一次失败，会让人沮丧。可是，假如从另一个角度来看的话，挫败也可以是一次学习，是一次锻炼，是一次事前的演练演习，可以从中总结出很多失败的教训和经验，为下次的成功打下良好的基础，这样的心态会让人阳光和坦然。

从这个道理上讲，失败是成功之母绝对有其道理。也正是因为有了第一次的挫败，所以才成就了下一次的成功，而把第一次挫败当作事前的一次演习似乎恰如其分。首次的挫败为下一次的成功打下了坚实的基础，可以为下一次成功提供丰富的信息和宝贵的经验，在此基础上再接再厉，最终会走向成功。

挫败之后，假如一蹶不振，再也没有勇气去行动，彻底丧失了成功的信心，那么，这次是真正的失败了，绝对不会变成下一次成功的事前演习。因此，在首次挫败之后，要想获得下次的成功，必须振奋精神，平衡一下自己的心态，从心目中就将这次挫败当作一次学习和锻炼，那么，成功的曙光就会出现了。

人的心态非常重要。良好的心态可以让人信心十足，而沮丧的心态足以让人万念俱灰。同样是挫败，有人就把它当作了失败，感觉成功已经化为泡影，认为成功已经变成不可能，最终让自己的人生真的走向了失败。反之，在积极的心态之下，眼前的挫败只不过是事前的一次模拟演习，目的就是想从中找出经验，于是，成功的曙光也许就会出现，成功的人生就会实现。

因此，乐观、积极、奋发向上的心态是"成功人士"最常见的心态，他们无论在什么时候，无论遇到什么样的艰难境况，都会泰然处之，都会将暂时的挫败当作一次事前的模拟演习。在认真总结经验教训之后，他们继续努力，最终获得了成功。

漫漫人生路上遇到的事情千变万化，有坎坷、曲折、不如意……如何调整自己的心态去积极面对，这一点非常重要，因为它决定一个人最终能不能获得成功，这个人能否成为"成功人士"。

九、豪情者言：干到底

清末名臣曾国藩在和太平军作战时曾经有一句名言：屡败屡战。这句话听起来是一位强者的语言。失败了，不要紧，再战！再败了，依然没有倒下，在总结经验之后，很快会再次卷土重来。

这样强硬的口气，令对手不寒而栗！

强者的字典里似乎没有失败二字，只要还没有取得胜利，只要对手还在，那就坚决干到底！这样的人能不获胜吗，做事情能不成功吗？

反过来讲，挫败了，就垂头丧气，哀叹命运的不公，而不去认真思考失败的经验教训，这种人才是真正的弱者，是真正被对手打败了。他们不是败给了对手，而是败给了自己。缺乏顽强、百折不挠的精神，遇到挫败就灰心丧气，偃旗息鼓，这种人是不会成功的。

生活的强者永远不会认输。在遭遇挫败之后，强者从心理上并没有感觉到失败的滋味，他也没有将这次打击放在心上。从另一个角度来看，挫败永远不会击垮一位强者的心理。相反，挫败的打击不仅没有击垮他，反而让强者的心理素质更加顽强。在历经挫败之后，强者总要认真考虑失败的经验教训，随后就会重新投入到下一次计划的筹划中。

细心分析一下，生活的强者有很多过人之处。首先，强者的心理素质非一般人可及。正如前文所说，有些人在遭到一次挫败之后就会一蹶不振，而强者遇到一次，甚至无数次挫败也毫不畏惧，依然会重整旗鼓，以备再战。他们之所以被称为强者，本身具备强者的心理素质，具备一种永远打不垮的精神。

在人生的道路上要做生活的强者，这是每个人都希望做到的。人人都希望能成功，都不想让自己一生碌碌无为，都希望拥有完美、幸福、成功的人生。但是，从对待挫败的态度上，我们可以衡量出一个人是否具备强者的心态。很多人口口声声要做生活的强者，可是他们在遇到挫败之后就伤心落泪不能自拔，难以走出失败的阴影，也难以从失败的地方重新站立起来。自信不足的人，潜意识里总是在找"不用干下去"的借口，"失败"二字便很容易冒出来。

因此，做生活的强者，必须先从心理素质做起。永不言败，永远干下去，他们不断修正自己，完善自己，最终走向成功。

第十二章　冲突律：一定会有交集

　　冲突与融合是一对矛盾。因为有冲突，才要想办法去融合。没有冲突，本来就是融合的。一言以蔽之，无论是什么样的冲突，无论冲突程度如何，只要想融合，就一定能融合。任何事物之间都是有某种联系的，人与人、人与物之间肯定有交集，也就是有公约数，用心找就会找到。

一、行为误解：潜意识也自我伤害

自我伤害行为在这里是一个较为宽泛的概念。许多对自我不利的行为都可以称为是自我伤害行为，包括身体上的、精神上的，以及在社会上的地位等。比如，除了比较典型的自虐外，还有像抽烟、酗酒、暴食，各种无法自控的上瘾、自杀等。

人是复杂的社会动物，不仅存在意识层面的认知，还存在潜意识层面的认知。有时候，人们认为不可解释的行为往往来源于潜意识里的动机。因此，自我伤害行为被理解为是来源于潜意识。但是动机和行为之间的关系不一定是直接的，相似的行为可能出于不同的动机，相似的动机也可能引起差异很大的行为。

潜意识就是水下的冰山，潜藏在意识之下，却拥有神秘而强大的力量。事实上，动机在潜意识里总是正面的。潜意识从来都不会伤害自己，只是误以为某种行为可以满足该动机，而又不知有其他可能的做法。

比如，暴食的人即使知道吃下去过量的食物并不会带来愉悦的感觉，但是在他的潜意识里，这样的行为是可以满足他的某种动机的，因此暴食这种做法被选择了。就像《瘦身男女》中郑秀文所饰演的 Mini Mo，因为失恋的打击而暴饮暴食最终失去控制地长成超级胖子。

其实，深入探究的话，我们不难发现，潜意识并不会自我伤害，只有当潜意识与意识发生了冲突，并且冲突不能融合，才会演变成自我伤害。当潜意识的观念不为意识所接纳，就是我们所说的产生了冲突，人就会产生痛苦。冲突的剧烈程度决定了痛苦的大小。

在《瘦身男女》中，Mini Mo 的潜意识里是不接受失恋这一事实的，但意识却接受了这样的既定事实，因此两者产生了冲突，导致的结果就是她觉得非常痛苦，于是出现了暴食这样自我伤害的行为。

因此，潜意识导致自我伤害是一种行为误解，解决自我伤害的根源在于找到冲突的交点，所有的行为动机都来源于此。正如这世上没有无缘无故的爱，也没有无缘无故的恨一样。

无论什么样的冲突，无论冲突程度如何，只要想融合，就一定能融合。在影片的后半部分，我们看到，Mini Mo 找到了这一交集，减肥。当她重新找到了奋斗的目标和意义之后，潜意识与意识的冲突就不再尖锐，开始融合了。

意识如同一部万能的机器，任何愿望都可以实现，但需要有人来操纵它，而这个人就是你自己，你可以选择不同的暗示进入潜意识，潜意识是不假思索的，暗示会变成动机。

关于融合冲突可以有很多种方法，与别人产生交集有助于转移冲突的焦点。还是拿失恋来打比方，可通过旅游或开始新恋情转移注意力，将抽烟、酗酒、暴食之类的自我伤害行为转换为健身、学习等，都是不错的融合冲突的方式。

二、情绪需求：学到了，情绪便会消失

现在有个词，叫作情绪管理。很多人都认为，情绪是无用的，只有理性才是获取和确立个人幸福的手段。罗曼·罗兰甚至说，"我服从理性，必要时，我可以为它牺牲我的友谊、我的憎恶，以及我的生命。"

事实上，我们离不开情绪，情绪总是给我们一份推动力，使人们摆脱某个环境或状况。我们都有一种体验，在生活中，有很多事情都会引起我们情绪的变化，那么真的是那些事情引起了我们的情绪反应吗？其实并不一定。主动表达情绪、决定做出情绪反应的不是别人，正是自己。

当我们遇到一件事情时，是我们所站的立场、我们的经验和态度，我们的判断能力等综合因素替我们"选择"了某一种情绪。因此我们说，人在不同的场合下对同一件事情的情绪都是不同的。举个很简单的例子，在大庭广众之下挨妻子的一记耳光和在闺房之中挨上这记耳光，男人的情绪会有显著的不同。

因此，情绪的产生应该是在评价这件事对自己来说意味着什么之后。曾经有这样一个例子，一个年轻人去面试，面试官是一位姓黄的领导，但是从初次见面两个人便在言语上针锋相对，你来我往，无论如何也谈不拢后来甚至发生争执。于是这个年轻人想来想去也想不明白为什么才见面就话不投机，于是寻求一位心理分析师的帮助。心理分析师帮助年轻人分析后发现，两个人其实说的话都没有什么问题，主要是说话的情绪引起了冲突。情绪其实并不可怕，它是有一个进度条的，从兴奋到低落，从紧张到放松，从高兴到悲伤，这些都不是突然的变化，也不是非此即彼，因此我们完全有时间主动化解冲突。

不是所有的冲突都是有害的。反感冲突的人往往会将注意力集中在冲突可能带来的最差结果，以及其他卷入冲突的人的应对方式上。但事实上，只要分析在特定情况下采取主动行为的所有可能结果，情绪可以让人在冲突中表现得更加主动。

情绪反应是可以自行选择的，自己应对自己的情绪反应负责。我们可以反向来推，就像女人和男人吵架，最终吵架的理由早已经被抛到一边，变成了由情绪主导。那么应该怎么来化解和融合冲突呢？

将交谈重点集中在眼前的问题上，切勿进行人身攻击。主动回应贬低和赞扬。就解决方案与对方协商，寻求双赢解决方案。允许对方表达感受，如果理解了对方所说的话，告诉对方你对这番话的感受，最后结束交谈。

当对方直接进行语言贬低时，不要隐藏你的情绪，应该通过某种方式表达出来。如果当对方试图以一种微妙的语言方式贬低你时，还是需要你主动做出回应，要求对方对他所说的话进行澄清。可以通过提问的方式，这样出现的问题或冲突就能得到公开的讨论。

在我们的生活中，情绪往往处于这两极中的某一个位置，是一种平静的状态。当我们面对危险时，恐惧和愤怒使人产生应激反应，身体大量分泌肾上腺素，可以使人得以用最快速度逃跑或奋力搏斗，提高生存概率。

建设性地表达愤怒有助于化解冲突。尤其是在夫妻关系中，当双方因为冲突出现裂痕时，沟通量会出现下降，此时双方谈话会高度注意、高度选择，并都指向减少彼此的紧张和不一致。一般而言，如果第一阶段出现的分歧和冲突没有得到顺利解决，会导致双方较长时期都以收敛的方式交往，则原本的冲突会进一步恶化。

因此，不要害怕情绪，情绪同样也是解决冲突的一种融合力。

三、二元承认：接受动机，但不接受行为

我们可以接受一个人的动机和情绪，但可以不接受他的行为。

我们经常会在父母与孩子的争吵中听到"我还不是为了你好"，然而亲子关系并没有因为这样的话而变得更融洽，反而这个领域几乎是荆棘丛生，

冲突不断。很多时候，我们可以不接受一个人的行为，但不能不认识其背后的动机。

还是以父母与孩子之间的关系来举例。每个人都为满足自己内心的一些需求而做事，孩子的所有行为都会来源于深层的内心需求，而父母和孩子的内心需求在根源上就是截然不同的，剧烈的冲突也就不可避免。家长需要把孩子的行为与动机分开，我们可以不接受一个人的行为，但不能不接受其背后的动机。

我们知道动机是一种内部过程，是看不见，摸不着的，我们只有通过对行为的观察研究来推断出动机，孩子总是不断地企图提升自己的知识和能力，家长必须肯定他这样做的动机。孩子行为的本质有错或者效果不好，家长也可以毫不犹豫地加以否定。一个人的所有行为都有其意识不到的意义，接受一个人行事的动机，便能接受这个人，因而可以引导他改变行为。否则孩子跟家长对着干，会让家长的引导变得无效。

在动机问题研究中，研究者曾对动机进行过多种区分，这些区分都是以深层的心理活动为依据，比如说内在动机是因活动本身具有吸引或讨厌的性质而引起的追求或回避的动机，还有成就动机、利他动机、攻击性动机等。

同样，在职场中，如果动机是可以接受的，即使所选用的做法未能达到理想的效果，也应该得到承认和鼓励。人拒绝改变是因为未找到更好的方法，每天都有新事物出现，尚有很多我们过去没有想过，或者尚未认识到的方法。你首先要承认，起码是二元承认，才会愿意开始真的去想新的方法去解决冲突，找到共同点。所谓的"求同存异"就是这样的一种智慧。

融合不只发生在社会和职场，也发生在家庭中。还是以父母和孩子来举例，动机是孩子想提升自我的心理活动，如果采取的行动不成功，只是说明至今用过的方法尚未收到预期的效果。那么给予鼓励的力量或方向，帮助孩子找出有效的做法是家长的责任。找出孩子行为背后的正面动机，加以肯定，再引导孩子去另找更有效的做法，这是最易使孩子接受的一种教育方法，家长不妨多加以采用。

接受动机，但不接受行为的做法是：

有更好的方法，肯定就会有人追随。

所有人都愿意接受帮助，抗拒操纵。

给出至少三个选择的权利。

四、融合度数：寻找交集

任何事物之间都是有某种联系的，人与人、人与物之间肯定有交集，也就是有公约数，所以我们要相信，这世上没有什么是绝对不能建立起关系的。比如，有人说我是搞 IT 的，跟那个卖猪肉的一点关系都没有，肯定做不成生意。有句话说得好，世事无绝对。卖猪肉的未必就不能成为做 IT 的客户；相反，这是很有可能的。

在这个融合的时代里，无论是房地产商进军有机农业，还是做网络平台的开始投资电影，跨界、寻路、交集，新的思路和行为方式早已经在商业领域里被人所津津乐道。那么在人际交往中也是如此，你可以不了解他的领域、他的思考模式和行为方式，但是只要你能接受他的动机和情绪，便是接受了那个人。

原本交集不多或无交集的两个人进行融合，也许会打开新的领域。在我们的生活中，融合无处不在、包罗万象，但万变不离其宗——汲取优势形成互补、产生新的事物。

如何寻找交集？一般在现实生活中，根据与身边认识的人情感的不同，是会被我们分成不同层级的。例如核心关系、紧密关系、松散关系等，这些关系是由不同的交情、交往频率、亲密程度等决定的，所以人脉管理的出发点是自己。也就是说，你的目标决定了你对他人的态度，如果你是想将对方归到自己的圈子里，那么主动的融合、拉近距离就会是努力的方向。

交集不仅是为了取得与某人的联系，更重要的是为了从对方那里获取一些所需要的价值，这就是所谓的融合度数。这时候问题就出现了，你凭什么能让对方给你价值？答案有两个：一是等价交换；二是感情。

很简单，我们都说人情往来。既然是往来，当然是有来才有往。如果没有交集，那就需要扩展自己的活动范围一直到产生交集。你希望自己被人重视，那么在与别人交往的时候也同样要做到如此。比如在话题选择和交往方式上，通过观察力、判断力、记忆力、平时花的工夫等，了解得越多，彼此之间越容易产生共鸣。举个例子，在美国的海军舰队里，一位优秀的海军少将在上舰后的第一个星期便背熟了所有船员的姓名，在第二个星期背熟船员家人和恋人的姓名，因此在每天早上巡查时，少将会在和每一位船员打招呼的时候准确无误地叫出对方的姓名，然后关切地问道：你好 Tom，你们家五岁的小 Jerry 最近怎么样啊？就这样，平时海军士兵觉得自己与少将之间是有交集的，等到了枪林弹雨的那一刻，少将和士兵的融合度数就会变得更高。

在我们的生活中也是如此，有了等价交换的态度和真诚的感情，何愁不能寻找到交集点呢？大多数人其实都是乐于助人的，因此只要你认定他们不至于帮倒忙，就给他们一次表现的机会吧。

五、就事论事：与背景挂钩

生活的经验告诉我们，三十年河东，三十年河西。人与人之间情感的建立需要时间的积累，而时间恰恰是最考验人的东西。很多时候，我们会为了一点点小事与好友翻脸，与亲人反目，其实有一个道理很简单却很容易被忽视，那就是任何一次行为不等于一个人，一段时期也不等于一生。

一见钟情和一见如故终归是小说里的故事，想要融入更多朋友的圈子，需要花心思和时间，这也是必须的投入，但没有必要急功近利。明代王琦在《寓圃杂记》中记载了这样一个故事：一个叫杨翥的学者在做修撰的时候，刚刚搬到京城。有一天，他的邻居丢了一只鸡，因为周边只有杨翥搬去不久，邻居便怀疑鸡是杨家偷的。于是，邻人便大声地在门口指骂鸡被姓杨的偷去了，一直叫嚷不止。家里的下人听到后，心里很不痛快，明明没有偷鸡，却被人如此奚落，于是便告知了杨翥。谁知，杨翥听后并不动怒，只是平静地说："天下不止我一家姓杨，随他骂去。"

从这件事我们不难看出其中的智慧来。首先，杨翥刚刚搬到京城，他需要融入邻里环境；其次，邻居的社会地位决定了其行为，但是就事论事，是可以接受其情绪和动机的。所以，在《寓圃杂记》中，我们看到了后续发展：有一年，有一伙贼人密谋着要抢劫杨家，当邻居们得知此事后，竟主动组织起来，轮流到杨家守夜防贼，从而免除了杨家的一场灾祸。

在人际关系中也是如此，急着想从朋友那里获得利益的人通常不会让别人有很强的安全感，而假如一个人不能给他人安全感，那么很难真正交到有安全感的朋友。举个很典型的例子，两个人都是部门的业务骨干，当他们同时面对一个很有诱惑力的升职机遇的时候，会怎么办？当然，他们会选择竞争。当主管或者人事部门询问他们对对方的看法的时候，两个人还能不能像往常一样平心静气？要知道，每一个人的行为，都是当时环境里最符合自己利益的做法。

然而升职之后呢，作为主管的胜利者和成为下属的竞争者会如何相处？一个人面临机遇的时候应该看得更远，千万不要因为眼前的一点小利失去人心。

寻求答案的时候，多给别人一点时间；在别人面前不要"作"，做一个大度的朋友；翻一次脸，就少一条路。

六、共同努力：相向而行

融合绝对不是一个人能完成的事情。既然是融，当然是双方甚至三方以上的活动。有句话说，你无法叫醒一个装睡的人。事实也是如此，如果把人际交往比喻成跑步的话，如果两个人相距一千米，一个人追赶另一个人，那么他所需要跑的距离绝对会超过一千米，但是如果两个人是相向而行的话，那么就会轻松省力多了。

如果你希望别人与你相向而行，那么很简单，在交往中，如果有给人帮忙的机会，要立马去做，一秒都不要犹豫，因为人情就是交集，只要有了交集，别人才会注意到你。

共同努力并不是等着别人欠你人情，而是在交往中，要学会分辨别人的意图、动机、心情、感受和思想。也就是说，一个社交能力强的人，必定是有洞察力的人，他们会了解对方，同时考虑到自己行为的后果。这种人际交往智慧每个人都具有，关键是怎样使之不断增强，怎样把它们的价值发挥出来。

人都有优缺点、兴趣爱好、家人朋友，希望自己被人重视、希望能力得到肯定，也会因为被拒绝而沮丧，因为受到冷漠而变得更加冷漠。因此，在融合力方面，我们绝对是鼓励共同努力的。

要做到这一点，首先要明白自己有哪些专长和资源正是他人所迫切需要的。挥别独行侠的日子，不要指望还想像小学生那样科科争第一，要学会示弱和协作。多参加一些活动，帮助别人，也是帮助自己。人们其实不在乎你了解多少，但很在乎你有没有仔细在听他说话——当别人还不知道你在不在乎他们的时候，自然就不可能去在乎你。因此，要学会表达和释放善意，以称赞来取代嫉妒之心，即使他是你的同行。

让别人向着你的方向来融合，就需要有更好的做法、共同的目标，这样才能更好地沟通，有更好的人际关系。在人际交往中有句名言，"别人身上的缺陷就是你存在的价值"。无论你的专长是来自刻苦的专业训练还是业余摸索，都可以转化成强有力的筹码。抓住时机，适度地推荐自己，让别人利用一下，才能让人得知在什么时候能够向你求助或请教，不至于让英雄无用武之地。

在别人的眼里，你有了价值，自然就会有人向你靠拢，只要双方在相向而行，距离自然会缩短，融合就成了水到渠成的事情了。

七、追查观念：要命的价值观

我们在与人交往中，最经常遇到的就是所谓的三观不合了。想要成为一个人际关系高手，第一步就必须先确认你的价值观。古人说，"知彼者，智也；知己者，大智也。"也就是说，人要有自知之明是很难的，若是你连自己的价值观都不清楚，就很难去参透人生的意义，更不用说什么成就感了。

北京师范大学曾经对在美、加、英、澳等六个国家和地区就读的1221位中国留学生进行了调查，调查结果显示，留学生们融入异国环境最大的难关其实并不是语言和学业，而是价值观和人际关系。

价值观存在的意义就在于，对于同样的一件事，每个人对其价值的判断却不完全相同，甚至会截然相反的，即使是客观事物的价值，在每个人的眼里也不同，因此不同的人反应也会有所不同。举个例子来说，有的企业老板认为，加班可以完成更多的工作，获得更高的职位，拿到更好的薪水，因此鼓励加班，但事实上，这家企业的员工离职率特别高，因为并不是每个员工都希望成为企业家，也并不是每个人都把金钱和地位作为衡量成功的唯一标准。

怎样去确定你的价值观？由于人性都是自我的，都相信自己的判断更正确，所以，人们往往会有意无意地向别人灌输自己的价值观，并试图希望别人能同意自己的判断。所以，去检验你的想法，如果在普通的事情上，自己与超过八成的人的观念都有分歧而且不能调和的话，那么你的价值观可能就不属于主流了。

在网络论坛上，经常可以看到网友为了某一观点或者某一事件吵得不可开交，往往是语言往来几次，就开始进行人身攻击和辱骂，继而展开口水战，至于最开始的原因是什么，早已经被抛诸脑后。如果略加分析，其实很容易看出，大家的分歧往往只是价值观的不同，并没有什么原则上的对错之分。但是在激烈的争吵中，往往就会忘记尊重和最基本的礼貌，开始给别人扣帽子。

　　大量事实证明，如果是价值观相同的人，他们的关系往往能持续很久。如果价值观截然不同，别说无法维持长久的关系，可能连交集都不会有。不过任何关系都不会落在两个极端上，所以仍然可以有所作为：第一，从大家的价值观中找出共同点；第二，尊重对方的价值观。

　　当你碰壁时，不妨检讨一下自己的动机。找出更好做法的方法之一是追查动机背后的价值观。不要试图用自己的价值观去影响别人的判断。不要忽视来自心灵深处的声音，让它去带领你，你就能尽早掌握状况，融入新的环境。对于别人所提出的建议，应当客观审视，而不是从情绪上做出判断。

参考文献

［1］（澳）朗达·拜恩：《秘密》，湖南文艺出版社2017年版。

［2］（美）哈维·艾克：《有钱人和你想的不一样》，湖南文艺出版社2017年版。

［3］（美）罗伯特·清崎、莎伦·莱希特：《富爸爸财务自由之路》，四川人民出版社2017年版。

［4］（美）希尔：《思考致富》，曹爱菊译，中信出版社2015年版。

［5］（美）露易丝·海：《生命的重建》，徐克茹译，中国宇航出版社2008年版。

［6］（德）埃克哈特.托利：《当下的力量》，中信出版社2013年版。

［7］（美）约瑟夫·墨菲：《潜意识的力量》，吴忌寒译，光明日报出版社2014年版。

［8］（美）杰克坎菲尔德，D.D.沃特金：《吸引力法则》，张彩译，光明日报出版社2015年版。

［9］（美）乔·维泰利：《新零极限》，彭展译，中国青年出版社2015年版。